語彙力で手に入れる一生ものの思考力

5歳の壁

和田秀樹

小学館

はじめに

子どもの未来を決めるものは何か。

親は、子どもの将来のために、今何をしてあげられるのか。

多くの親御さんにとって、これらは切実な問題でしょう。

特に今はＶＵＣＡ（Volatility＝変動性、Uncertainty＝不確実性、Complexity＝複雑性、Ambiguity＝曖昧性《あいまい》）の時代と言われるように、不確実で変化の激しい時代です。グローバリゼーションによる経済や雇用の流動化が進み、ＡＩの進化も目覚ましい中、10年後、20年後の社会環境すら予測することができません。

また、教育分野でも大きな変革が起こっています。２０２０年度から小学校に「新学習指導要領」が導入され、21年からは大学入学共通テストも始まりました。

このような時代に、これから我が子の学力をどう伸ばしていけばいいのかと迷っている親御さんも少なくありません。

私は精神科医として仕事をする傍ら、受験や勉強法に関する本を300冊以上出版してきました。また、40年にわたって受験生の通信指導を行うほか、東大や医学部合格のための専門塾を経営してきました。その過程で多くの子どもや親御さんと向き合い、成果をあげてきたという自負もありますが、最近になって親や子の「意識のあり方」が大きく変化していることを実感しています。

その変化というのは、親も子も、自信をなくしてしまっている人が増えたということです。

また、最初から難関校は無理とあきらめ、無難な道を選ぶ親子も増えています。

しかし、長年子どもの学力向上に取り組み、受験指導を続けてきた私が多くのかたにお伝えしたいのは、**子どもの学力はもともとの素質や遺伝よりも、勉強の方法や取り組み方に左右されやすい**ということです。そして何より大事なのは、**自分から学ぶ意欲を持つ子どもが、最終的にいい結果を出している**という事実です。

そして、子どもがこうした意欲を身につけるためには、小学校入学時までの大人の接し方がとても重要です。**5歳前後までに親や周りの大人がどう関わるかによって、その子の人生は大きく変わっていきます。**

この時期に、子どもが小さな成功体験「できた！」を積み重ね、それを親や周囲の大人に褒められ、成果を認められることで、子どもの中の「自分はできる」という自信や自尊心を養うことができます。そうすると、子どもは自発的に学ぶ意欲と習慣を身につけ、自ら伸びていくのです。当然、小学校以降の学校生活でもこうした意欲や習慣は大いに役立ちます。

これは私自身の精神科医としての経験からも、また精神科医アルフレッド・アドラーや精神分析学者ハインツ・コフートなどの理論からも明らかだと考えています。

実際に東大合格者の多くは、小さな頃から「自分は勉強ができる」という自信を積み重ねています。幼稚園や保育園、さらに小学校、中学校、高校と進学するたびに自信を積み上げ、大学受験を迎えているケースが多く見られるのです。

そして、**幼児期の子どもが小さな成功体験を積み重ねるためにもっとも適している**

のが、基本的な読み書きの能力を身につけることです。

日本語を読む力や書く力を高めることは、子どもの考える力を養うことにつながり、小学校に入ってからの学力を確実に伸ばします。これは一生その子を支えてくれる土台になります。

また、言葉は知っていれば知っているほど、読解力を高める上で有利になります。子ども自身も周りの人の話を理解できるようになり、自分の思っていることを伝えられるようになると、日常的に「わかる！」「できる！」と感じるようになります。こうした「わかる体験」や「できる体験」、さらに「人から褒められる体験」を頻繁に重ねることで、自尊心が大きく育っていくのです。

反対に、語彙《ごい》の知識が少なく、読解力がなければ、先生や友だちが話している内容が理解できず、集団での活動では取り残されがちです。自分の思いをうまく伝えることができなくて不安や焦りを感じてしまう子や、コミュニケーションに自信をなくしてしまう子もいます。

ですから、幼児期のお子さんには、まず身近な言葉にたくさん触れさせることから始めてほしいと強く思っています。

文字の読み書きや数の勉強は、誰かのサポートなしで自然にできるようにはなりませんが、大人と一緒に少しずつでも学んでいくことで、確実に結果が出るものです。親子のコミュニケーションの一環として、一緒に読み書きや簡単な計算に挑戦していく中で「わかる体験」「できる体験」「褒められる体験」を積み上げていくと、それが子どもの喜びや自信につながり、結果的に勉強が好きになる可能性が高くなるのです。

もちろん個人差がありますので、その子の発達に合わせた進め方で構いません。どのような進め方であれ、まずは始めてみることが大事です。

そこで本書では、就学前の子どもを持つ親御さんに向けて、主に言語力を鍛えるために家庭でできる学びについてお伝えします。後半では、今日からでも親子で始められる実践的なレッスン法も紹介しています。

今後は、ますます変化の激しい時代、正解のわからない時代がやってきます。生成ＡＩの急速な進化を考えれば、私たちが行っている今の仕事の多くが将来的にはオートメーション化され、淘汰《とうた》される可能性も高いと考えられます。

だからこそ、子どもたちには、これからどんな社会になっても生き抜いていくための普遍的な知力や学力が必要です。そして親が幼児期の子どもにできることは、そうした普遍的な知力や学力の土台を築く自信や意欲をつけることなのです。

私は、それが親から子どもに与えられる最大のプレゼントだと考えています。どんな環境になっても、幼児期から育まれた自信や自尊心、そして読解力があれば、「自分は大丈夫だ」と信じて、新しい環境や課題にも挑戦していけるはずです。

就学前に子どもがどこまで「自己肯定感」を育むことができるか。また、親が覚悟を決めて子どもと向き合い、親としてこの最大のプレゼントを与えることができるか。

これこそが、人生を大きく左右する、親と子双方にとっての「５歳の壁」なのです。

もくじ

ヤバ
キモ
語

第3章　なぜ「5歳」が重要なのか……65

第4章　今日からできる「語彙力を伸ばすレッスン」……107

語彙
語
語彙

第1章　語彙力が思考力を生む

語彙を知ることから芽生える子どもの知的好奇心

読解力はどの教科でも必要になりますが、そもそも読解力というのはどんな力を指すのでしょうか。

本章ではこの読解力を鍛えると何がいいのかを考えてみましょう。

ＯＥＣＤ（経済協力開発機構）が実施している国際学習到達度調査（ＰＩＳＡ）は義務教育終了段階の15歳を対象に行う学力テストです。その中で、読解力、テキストを理解する力、そうした情報を利用して熟考する能力、図表のような非連続型テキストを幅広く読み取る力などを調査しています。

読解力というのは単に文章を読む力だけを指すのではありません。

文章を読んで、結論や本質を理解する力や、人の言いたいことや思いを汲《く》み取る力、社会で起きていることを読み取る力、物事の因果関係を読み取る力、人間関係を読み取る力、必要な情報と不要な情報を見極める力、自分の言いたいことを簡潔にまとめて表現する力なども指します。

つまり、社会で生きていく上で、もっとも基本的な力と言えるのです。

ですから、その土台となる日本語を読む力や書く力は、子どもの教育の中で非常に重要になります。

そして、読解力の中には語彙力や文法力、要約力などが含まれます。

中でも、**まずは語彙力を身につけることが大切**です。語彙力とは、多くの言葉の意味を理解し、「読む・書く・話す」いずれでも、それを適切に使いこなす力のことです。

特に幼児期の子どもには、言葉をたくさん教えてあげることが必要です。言葉を知らなければ文章を読み取ることができませんから、最初に言葉の意味や読み方、使い方を理解させることが重要なのです。

たとえば、中高生以降の語学学習でも英単語はいちいち覚える必要がないという人がいますが、英単語をよく知らなければ、英語の長文を読む際に長い時間がかかります。英単語をたくさん知っている人は類推して読めるので、短時間でざっと読み通して、素早く概要を理解することができます。

それと同じで、小さな子どもも言葉をよく知っているほうが文章に親しみやすく、その後の理解もずっと早くなります。

そもそも語彙力が低いまま小学校に上がると、教科書に書かれていることや、先生の説明している内容が理解できないことがあります。

家でゆっくり話してくれる親とは違い、集団での学習では、言葉の意味を理解できない子や言葉で伝えるのが苦手な子は取り残されることがあります。意味のわからない言葉を聞き流したり、誤解して解釈したり、自分の考えをうまく伝えることができなかったりして困ってしまうこともあります。

そのため、日本語の力を高める上でまず必要になるのが、語彙力なのです。

たとえば小学校1年生で習う「本音」という熟語であれば、「ほんね」と読めるだけでなく、その意味や使い方を理解して初めて語彙力があると言えます。ですから子どもが語彙力を増やしていくためには、実際の会話を通してどんなシチュエーションで使われる言葉なのかを教えてあげることが大切です。

たとえば、家庭でニュース番組を見ていて政治家の裏金問題が出てきた時、子どもに「うらがねってなに？」と聞かれたとします。

幼児や学年の低い子どもに教えるには難しい言葉です。

ただこの時に、「裏金っていうのは、表には出せない、内緒でやりとりしてしまったずるいお金のことだよ」という話をして、大まかに国民の義務として税金というものがあることを教えてあげるのも一つの方法です。

ポイントは、**こんな話は子どもにはわかりっこないと決めつけないこと**です。「難しいから、あなたはまだわからなくていい」と答えを濁すのではなく、できるだけ丁寧に説明してあげてください。

そうすると、周りの人たちに堂々と説明できるお金を「表金」と言い、ずるいことをして周りには説明できないお金を「裏金」と言う、といった説明を通して、幼児期の子どもでも、「大人たちがみんな税金を納めているから、そのお金で学校や病院や道路ができる」という社会の成り立ちや、「脱税といって、自分だけお金を隠してきちんと納めない人がいる」という事実や、「物事には表と裏がある」というニュアンスを学ぶかもしれません。

もちろん、それぞれの発達や理解度によって「わからない」と言う子どももいるはずですが、幼児期の子どもの脳は、親が考えるよりずっと発達が進んでいます。侮ってはいけません。

ですから、単なる言葉の表面的な意味を伝えるだけではなく、その言葉から世の中のさまざまな事象への理解につなげていくことが大事です。

そして今はまだきちんと理解できなくても、その先には複雑な世界が広がっているということ、それを大人が自分に教えようとしていることがわかれば、子どもの知的好奇心も刺激されるはずです。

語彙が増えると思考力が上がる理由

子どもというのは覚えた言葉をすぐに使いたがりますが、脳の構造として、使えば使うほど記憶として定着します。子どもが言葉を繰り返し使っているうちに頭の中にさまざまな知識や情報が蓄積されていき、それらがつながっていくわけです。

人間というのは、自分の持っている知識や情報をもとに思考しますから、基本的に思考の材料となるものが増えれば思考力も上がるし、増えなければ思考力は高まらないというのが心理学の基本的な考え方です。

ですから、**語彙力が上がることによる最大のメリットは、考えるための材料が増えていくということ**です。

これは語彙に限らず、算数や数学の問題を解く際にも同じことが言えます。解き方を多く知っている人ほど思考の幅が広がるということです。

たとえば、数学で一生懸命取り組んでいるのに伸び悩んでいる受験生に、私はいつもこう指導しています。

「自力で解けそうにない問題はいつまでも自分で考えていないで、模範解答を見ながら『解法を覚える』ことが大事だ」

いくら考えても答えがわからない時に、自力で解くことにこだわり続けるのは効率が悪すぎます。それよりも、ある程度考えてわからなければ先に正しい解法を見て、その流れを理解して記憶します。その後に自分で再現してみて、できなかった問題は繰り返し学習します。この作業を繰り返すことで、「解法の引き出し」を自分の頭の中に増やしていくことができるのです。

実は、これは私の経験から編み出した方法です。

灘《なだ》高校時代の私は成績が振るわず、周りの生徒から落ちこぼれてしまったことがあるのですが、その時に優等生の友だちから数学のノートを借りて編集したものを売り出す奴が出てきました。宿題をやっていない私のような生徒は、それを覚えないと試験で赤点を取ってしまうからです。

ところが、この模範のノートの解答を覚える作業を試験の度に続けていたところ、不思議なことに数学の解き方がわかるようになってきました。それは知らず知らずのうちに模範解法が私の頭の中にたくさんストックされていたからです。

その効果を実感した私は、その後は意識的にさまざまな問題集の解法と答えを暗記するようにしたところ、成績はどんどん上がり、卒業まで上位をキープしました。

そして、この「わからない数学の問題は自分で解かずに解答を暗記してしまう」方法を書籍として公開したのですが、それまでの勉強法の常識とはまったく異なる指導法だったため、当初は一部の教育関係者から批判されました。しかし、私が指導した生徒たちの多くは、この暗記法で大きな成果をあげています。

これは数学だけの話ではありません。

将棋棋士の藤井聡太さんは若くして数々の記録を打ち立てており、彼の思考力には誰もが驚嘆するところですが、彼が強いのは、14歳でプロになるまでに膨大な棋譜（将棋の指し方）のパターンを覚えてきたからだと言われています。

それまで頭の中にインプットしてきた棋譜の中から、その局面に近いパターンを選び出すという作業を脳内で超高速で何千通りも行い、瞬時に最善の手を見つけ出しているのです。それが棋士にとっては「考える」ということであり、何もないところから突然、良い手がひらめいて将棋の駒を打っているわけではありません。

つまり、数学における解法や将棋の棋譜のような材料があって、初めて最善の方法を考えることができるということです。

語彙も同じです。言葉の意味、読み方、使い方という材料があって初めて思考力が伸びていきます。多くの人が自力で考えることの重要性を認識していますが、実際には「自力で考える」ための材料が必要です。

ですから、**小さな子どもに対してまずすべきことは、思考力のもと＝考える材料となる語彙を増やしてあげること**なのです。

知性は言葉によって育つ

そのため、やはり会話が少ない家庭より多い家庭のほうが、子どもの語彙力を伸ばすためにはいいわけです。

幼児期の子どもには親がよく話しかけることが大事ですが、やはり大切なのは、その中身や質です。言葉の量だけでなく、内容の豊かさも重要なのです。

実際に乳幼児期の親子の会話は子どもの将来の語彙力に関わってくることが複数の調査で明らかになっています。

たとえば、１９９０年代にアメリカで行われた大規模な調査によると、幼児期に親からたくさん話しかけられていた子どもは、そうでない子どもに比べて３０００万語も多い語彙を獲得していた、とする書籍も出版されました。

そして、**保護者から肯定的な声かけをされていた子どもはそうでない子と比べて学童期以降の学力が高い傾向があったことも明らかになっています**（『３０００万語の格差　赤ちゃんの脳をつくる、親と保育者の話しかけ』ダナ・サスキンド著・明石書店）。

言葉の量だけでなく、その質も大事だということです。子どもの人格を否定するような言葉が子どもにとってよくないことは想像に難くありませんが、たとえば芸能ニュースとか、このタレントさんがかわいいといった、いわゆるお茶の間会話にも注意が必要です。家庭の教養レベルは会話に現れますが、やはり他人の噂話ばかりしていても子どもは賢くなりません。

ですから、もしも子どもがテレビに出ているお笑い芸人を見て笑っていたら、ただ笑って終わりではなく、そのどこが面白いと感じたのかを親子で話し合ってみるのもいいでしょう。子どもは「この人、大人なのに裸で踊っているのが面白いんだよ」と言うかもしれません。

おバカなことを人前でやることが楽しいと感じる人もいますが、一方で、そういうことをした結果、本当にバカにされてしまったり、いじめられてしまったりする人もいる、という話に持っていくのもいいでしょう。自分の行動が周囲にどんな影響を及ぼすのかを振り返る重要性という話につながるかもしれません。

同じお笑い芸人を見るのでも、子どもが感じたことをきっかけに会話を広げていくことで、親子の会話の質が変わってきます。

ある著名な投資家は、子どもにはマネー教育をすべきだと話しています。私にはそれが正しいことかどうかはわかりませんが、少なくともそういう教育をしている家庭の子のほうが、将来は起業する可能性や資産運用で利益を生み出す可能性は高いと思います。

家庭でそういう話をしているうちに、経済や金融の世界に興味を持つようになり、日経新聞で知らない経済用語を調べてみようという話になっていきます。小さな頃は全部わからなくても、その世界に親しんでいるうちに興味を持つようになっていくわけです。

また、相手が誰であれ、基本的にわかりやすく話をすることは大事ですが、相手が子どもだからといって、ことさら幼児語で話す必要はありません。「ワンワン」ではなくて「犬」でいいし、「ブーブー」ではなくて「車」「自動車」でいいのです。

前述のように、子どもというのは、大人が思っているより理解できることもありますし、何となく理解できるという子もいます。

まずはいろいろな話をしてみることです。

そして、大人の世界の会話に早く参加できる子の方が、やはりものを深く考えられるようになり、社会にも早くから興味を持ちます。親以外の大人と話をするのも怖くなくなるでしょう。

このように、いろいろな会話をして言葉を知るうち、どのシチュエーションで、どんなニュアンスで使われる言葉かがどんどんわかってきます。

知性というものは言葉によって育ちますが、子どもでも「裏金」という一つの言葉から、税金や政治や公共事業など社会の成り立ちを少しずつ知っていくのです。

子どもの将来を考えたら、「こまっしゃくれている」上等、なのです。

記憶優位の９歳前までに語彙をたくさん教えよう

子どもの教育における究極の目的というのは、子どもが自分自身で考える力を身につけることです。そのための土台をつくる大事な時期が幼児期です。

幼児期の子どもというのは、その成長過程において驚くべき記憶力を持っています。たとえば、子どもは大人が話している言葉を耳にして、その言葉を文法などの理屈抜きに丸ごと覚えてしまうことがあります。

子どもは新しい言葉やフレーズを聞くとそれをそのまま記憶し、実際に使うことがあります。家族の会話や絵本の読み聞かせなどから、自然にたくさんの言葉を学んでいるのです。

大人になると、このように丸ごと覚えることは難しくなります。リスニングの語学教材などを使って多くの時間を費やしても、なかなか自然に話せるようにはなりません。それは、語学を学ぶ際に大人は文法や理論的な理解に重点を置くためです。

しかし、幼い子どもたちはそうした制約を感じることなく、聞いたままの言葉をそのまま覚えて使うことができます。

ですから、この能力は語彙を増やす際にも非常に有利です。

このような記憶優位の特性を持つ時期に、できるだけ多くの言葉や表現に触れさせることが語学習得にとっては理想的と言えます。

一方で、幼児期の子どもには考える力はまだ十分に発達していません。この考える力がしっかりと備わるのは、だいたい9歳頃からと言われています。

9歳、10歳頃になると、子どもの脳の思考方法が変化していきます。それまで優位だった記憶力に加え、論理的な思考力が育ってきて、抽象的な概念も徐々に理解できるようになっていくのです。その結果、物事の因果関係を理解したり、推測したりする抽象思考が発達していくと考えられています。国語の読解問題や算数の図形問題、文章題など、より複雑で難しい問題に取り組めるようになるのも、この時期からです。これが「9歳の壁」と呼ばれるものです（10歳の壁とも言われます）。

この壁を乗り越えることで学習の幅が広がり、さらなる成長が期待できるのです。

しかし、9歳の壁を越える時期には個人差があります。ある子どもは9歳になる前にこの壁を越えるかもしれませんが、別の子どもはもっと遅くになることもあります。

この壁を乗り越えていない子どもは、学習レベルが上がってくる小学3年生、4年生頃から勉強面でつまずくことが多いとされています。

ですから、この時期は教育において一つの大きな分かれ目となる大事な時期なのですが、こうした個人差を無視して、まだ壁を越えていないうちから難解な中学受験のための塾に通わせたりすると、勉強についていけずに子どもが学ぶことへの興味や自信を失ってしまうことがあります。

塾での勉強の進捗《しんちょく》に子どもを無理やり合わせようとすると、子どもが「できない自分はバカなのだ」と思い込むなど、この時期の勉強の遅れが原因で無用な劣等感を抱いてしまうこともあり、周囲の大人は注意が必要です。

しかし、前述のように9歳の壁を越える前の子どもは単純記憶力が非常に高い状態なので、この時期までに語彙は当然ながら、九九や漢字、歴史の年号などを覚えさせると、相当の量を記憶できることがあります。

これが子どもの自信につながるのです。

その後に、他の子どもたちよりも遅れて9歳の壁を越えることになったとしても、その記憶力を活かして勉強に取り組んできた知識の蓄積がありますから、その知識をフルに活かして他の子に勝てる可能性も高まります。

その意味でも、就学前から子どもの語彙力を伸ばしておくことは有益です。

小さなうちから語彙を増やし、親子の会話を通して引き出しをたくさん備えて思考力の土台をつくっておくことが大事なのです。

「賢く見える」だけでいい

語彙力をつけるメリットは、他にもあります。

それは、語彙力が人を評価する際の大きな材料になることです。

「この子は賢そうな子だ」「乱暴そうな子だ」のように、人はその言葉を聞いて相手を判断します。「いやだ、行かない！」と言い張る子どもと、「○○が苦手だから、僕は行きたくない」と言う子どものどちらが賢く見られるかは一目瞭然です。「僕は遠慮します」なら、さらに賢そうですね。

どんな子どもでも、語彙力があると周囲から賢く見られるのです。

本当に賢いかどうかはともかくとして、まずは「賢いように見える」ことが、子どものうちは非常に重要です。

賢く見えることで周りの大人から褒められれば自信がつきますし、同年代に比べて語彙の豊富な幼児は大人っぽく見られ、幼稚園や保育園の友だちから一目置かれるかもしれません。

「○○君ってすごいんだね」と言われることで得意になり、さらに話をするようになります。このことについては、第3章で詳しくお話しします。

語彙力だけでなく、読解力も同じです。この章のはじめで触れた通り、読解力というのは文章を読める力ですが、人の言いたいことを汲み取ったり、物事の因果関係を読み取ったり、人間関係を読み取ったり、社会で起きていることを読み取ったり、自分の言いたいことを簡潔にまとめて表現したりする力でもあります。

そうした力は社会で求められる能力であり、それを持っている人は「頭のいい人」「有能な人」と見なされます。

ですから、少し極端な話になりますが、算数の能力よりも読解力のほうが将来的な見返りが多いと言えます。少なくともこうした力を持つ人々は、どんな環境においても優遇される傾向があります。

さらに言えば、スポーツで成功するよりも勉強に励むほうが効率的です。確かに優れたスポーツ選手はどの国でも優遇されますが、その運動能力によって安定した生活を送るためには、その国のトップレベルにまで達する必要があります。

一方、勉強では必ずしもトップレベルまで達しなくても一定の安定を得ることができます。

したがって、多くの場合、子どもにスポーツで成果をあげるためのサポートをするよりも、学力や読解力を高めるためのサポートをする方が、結果的には効果が高いと言えるでしょう。

言葉は悪いかもしれませんが、勉強で成果を出させるほうがコストパフォーマンスは高いということです。

子どもの思考力を深めるために家庭でできること

子どもには早いうちから「考える力」＝思考力を身につけてほしいところですが、その「考え」とは、柔軟で多角的なものであることが重要です。つまり、広い視野を持つということです。

たとえば、今の小学校ではいじめ防止のため子どもに他人の悪口を言わせないという指導方針になっています。それだけではなく、昨今は「ニックネーム禁止令」が出され、友だちを呼ぶ時は「○○さん」と名前で呼びなさいと指導している小学校も少なくありません。

その理由は、ニックネームがいじめのきっかけになるからだそうです。

確かに悪意のあるニックネームをつけられたら子どもが傷つきますから、そこは大人が気をつけて見る必要がありますし、場合によってはきちんと注意すべきですが、本来ニックネームというものは友だちや仲間同士で親しみを表すものであり、親密性を高めるきっかけになるものです。

すべてのニックネームを「いじめにつながるから禁止」とするのは、短絡的な思考でしかありません。

子どものいじめを恐れるなら、そんな表面的な禁止令よりも、子どもがいじめられた時にどうすべきか、人をいじめるとどうなるのかを徹底的にしっかり教えておくべきです。

小さな頃から物事を深く考える習慣をつけるために、たとえば、こうしたことを家庭で話してみるのも良いでしょう。親子で話す時には、親がリードして、子どもが深く考えるサポートをします。

「ニックネームやあだ名はいじめにつながるって言う人がいるけど、本当にそうだと思う？」

「お友だちの悪口は絶対だめって言われているけど、どういったら悪口なのかな？」

「悪口やニックネームを禁止して、みんなが言いたいことが言えなくなるのって、どう思う?」

つまり、**子どもの思考力を鍛えたければ、親も世間一般で言われている「常識」や風潮、一面的な考えから脱け出して、物事を深く考えさせる必要がある**ということです。

また、知識というものは常に更新され続けるものであり、大学で学んだことが10年後や20年後にも通用すると思うのは間違いです。

たとえば、医師の世界で言えば、現在の医師の多くは医学部で習った「血圧が高ければ、下げなければいけない」「コレステロールが高いと危険」といった知識を疑わず、患者さんに対してもそのための薬を出し続けています。

しかし、最近の研究論文を読むとコレステロールが高めの人の方が生存率は高いことが示されるなど、新たな知見が次々と出てきています。また、日本では急性心筋梗塞で亡くなる人の数は欧米に比べて少なく、その12倍の人ががんで亡くなっています。

そして、コレステロール値の高い人の方ががんになりにくいこともわかっています。
ですから、何が何でもコレステロールを下げた方がいいとは言えず、患者さん一人ひとりの症状を見て臨機応変に対応する必要があるのです。

学ぶことの本質は、常に新しい情報を収集して学び続けること、さらにその情報や知識に基づいて、自分の考えや行動を適応させる柔軟性を持つことです。知識や情報は時代とともに変化していきますが、こうしたことができる人は、その変化に応じて自分自身も成長し続けることができるはずです。

新しいことを学んで柔軟に考える力があれば、一つの方法がうまくいかなかった時にも他にいい方法がないかと考えることができます。

本来、受験勉強というのは、そういった力を伸ばすためのものです。
社会に出た後も自分の思っていた通りにうまくいかないことがあった時にはその方法に固執するのではなく、他の方法でゴールにたどり着くためにはどうすればいいかを考える能力を常に養っておく必要があります。

そうした力を持っている人の方が、仕事ができるのは当然のことですが、精神科医として言わせていただくと、その方が将来的にうつ病になりにくいとも言えます。「これでなければいけない」と一つの方法にこだわって先に進めない人よりも、「これ以外にもいろいろな道がある」と柔軟に考えられる人の方が精神的な落ち込みが少なく、うつ病になりにくいのです。

当然、何かがうまくいかない時でも他の方法を探せる人の方が、心が柔軟で生きやすいということです。

「東大を出れば安泰」の時代は終わった

現代は、一流大学を卒業すればそれでいいという時代ではなくなりました。もはや「東大に入りさえすれば安泰」という考えは危険です。

もちろん偏差値の高い大学を卒業していれば、職業選択の幅が広がるのも事実です。

たとえば、研究所やシンクタンク、あるいはコンサルティング会社などに入りたい場合は、日本では一定レベルの学歴が求められることが多くなります。

学歴次第で官僚やコンサルタントになれる可能性も高くなりますし、起業する道も開けているわけです。したがって、将来の選択肢の幅を広げるためには依然として学歴は重要と言えます。

ただし、いくら学歴が高くていい選択肢を選べたとしても、そのままずっと出世できるとは限りません。

なぜなら、**現代の仕事環境で求められるのは、上からの指示に従うだけでなく、自分で問題を見つけてそれを解決する能力**だからです。

子どもを有名塾に入れれば安心だと短絡的に考えるような親に育てられ、親や塾の言いなりになって勉強してきた人は、上から言われたことをする能力は高いかもしれませんが、実際に社会で問題にぶつかった時にどうすれば乗り越えられるかという対応力が育っていないことも少なくありません。

そういう「指示にきっちり従うのが仕事」と考える人が順調に出世できたのは一世

代前までです。

それより、別の大学で自分が成功できる道を見つけた人や、入試を戦略的に考えて大学選びを行い、そこから出世する方法を考えてきた人の方が、考え方も柔軟で合理的かもしれません。

また、失敗や挫折を経験し、試行錯誤しながら自分なりの工夫をしてきたことが、精神的な強さに結びついている人もいます。

私はそういう人のほうがこれからの時代に成功する可能性は高いと見ています。

今、私たちは少子化や高齢化、格差の拡大、人手不足など、これまで経験したことのない課題に直面しています。

今後はますますＡＩが進化していき、世間一般の「正解」はすべてＡＩが提供してくれるようになるでしょう。そのため、ＡＩが拾わないようなアイデアを出せる人や、より多様な視点を持てる人が重要になってきます。

これからの時代こそ、柔軟で多角的な思考力を持つ人が求められているのです。

〈第１章のポイント〉

○子どもの語彙力を高めることで、思考力が向上し、考えるための材料が増える。
○親子の質の高い会話が子どもの語彙力と知性を育む。
○幼児期から記憶力優位の９歳頃までに語彙を増やし、思考力の土台をつくることが重要。
○語彙力が高いほうが賢く見られ、それが子どもの自信を育む。
○これからは学歴だけでなく、自分でいろいろな方向から問題を解決できる、柔軟な思考力が重要になる。

第2章 子どもたちの読解力が落ちている

問題文が読めない子どもたち

近年、子どもたちの読解力が低下していると言われています。**最近では国語以外の教科でも問題自体が「読めない」子も多く、長文の問題が処理できずに時間切れになってしまう子も増えています。**

子どもたちの読解力が低下していることについて私が初めて実感したのは、20年ほど前のことでした。

当時、教科書の出版社から依頼を受けて、わかりやすい物理の学習参考書をつくっていたのですが、その際に複数の高校教師から「今の子どもは問題を読めなくなっている」という話を聞きました。それ以前の高校生であれば、物理の問題を解くときに解答がわからないとか、あるいは解答を読んでもわからないという話だったのが、「今どきの高校生は問題を読んでも、その文章の意味がわからない」というのです。

それは物理に限ったことでなく、どの科目でも問題が少し複雑になった途端に問題文の意味が理解できずに解けなくなってしまうという生徒が増えているということでした。

また、予備校の関係者たちからもこの頃から「最近の子どもはテストで問われているることから教えなければならず、指導するのが大変だ」という嘆きの声をよく聞くようになりました。

さらに当時、私はブログを書いていたのですが、その読者から「文章が長すぎる」「もっと短い文章なら読めるのに」といったコメントをいただくことがありました。もちろん本や新聞に比べれば圧倒的に短い文章でしたので、特に読者からしばしばそうした指摘を受けることが非常に気になっていました。

考えてみれば、２０００年代後半というのは、若い世代が新聞を読まなくなったことが問題視され始めた時期であり、ＳＮＳが急激に世の中に浸透してきた時期でもあります。Ｘ（旧Twitter）がスタートしたのが２００６年3月ですが、当時はTwitter

アイドルと言われる人たちが出てきて多くのフォロワーを獲得していました。

同時に、Twitterの１４０字の投稿なら読めるけれども、ブログや新聞の社説の長さになると読めないという若い人が増えたことも問題視されていました。

それから20年近く経った現在、スマートフォンやＳＮＳのユーザーはますます増え続けています。今では１４０字どころか、LINEなどでは十数字以内の短文で必要な要件だけを送り合う人も多いようです。その結果、子どもや若い世代の間で、長い文章を読めないという傾向がさらに進んでいることを実感しています。

最近はネットのニュースでも見出ししか読まない人も多く、記事の中身をきちんと読まずに自分が取りたいように解釈して、他人を中傷する人も増えています。

もはや「国語が苦手」「長い文章が読めない」といったレベルではなく、「日本語が読めない」レベルにまで読解力が低下している人も多いのではないかと感じるほどです。

近年、日本の若者の読解力が落ちているという事実は、研究者や専門家からも多数、指摘されています。

国立情報学研究所教授の新井紀子氏の『AI vs. 教科書が読めない子どもたち』（東洋経済新報社）によれば、全国２万５０００人規模を対象に基礎的読解力の調査を実施したところ、**今の中高生の３分の１は簡単な文章を読むことができず、中高生の読解力は「危機的と言っていい」ほどのレベルになっていると言います。**

それは中高生だけではありません。新井氏は著書の中で、小学校で算数の文章題を解けない生徒の多くが「何を聞かれているかわかる？」と聞かれても何も答えられない、という小学校教師たちの声を紹介しています。

算数のドリルは満点なのに、文章題の答案は真っ白のままという生徒も少なくないと言います。

こうした読解力の低下は、やはりまとまった量の日本語を読む機会が減っていることが主な原因でしょう。

今の子どもを取り巻く環境は、親の時代とは大きく変わり、まとまった量の文章に触れる機会が非常に少なくなっています。特にスマホの小さい画面で短い文章を読むことが日常的になると、文字情報を読み取る力が弱くなります。また、目につく見出し部分のみを流し読みするとか、短い文章しか読まなくなると、当然、情報を処理する力も下がっていきます。

さらに、今は小さな子どもでも「ヤバい」とか「キモい」などの若者言葉を発する子がいますし、どんな状況でも同じ言葉ばかり使っている子もいます。

やはり、それでは語彙が増えていきません。

子どもが同じ言葉ばかり使っていたら、たとえばその「ヤバい」はどういう意味なのか子どもに聞いてみましょう。

「気持ちが焦っている」や「危ない」「恥ずかしい」かもしれませんし、「すごい」「かっこいい」「面白い」なのかもしれません。

「その時、どんな気持ちがしたのかな。『ヤバい』じゃない言葉で言ってみようか」などと親が促しながら、「今日、幼稚園で先生にほめられたけど、みんなの前だったから少し恥ずかしかった」などのようにある程度きちんとした形で伝えられるよう、子どもの言語化力を引き出していきましょう。

より短く、速く、効率的になったコミュニケーション

相手に自分の思いを伝える能力、相手の言いたいことを理解する能力は、人間として最低限必要なスキルです。この能力が不足していると、人との円滑なコミュニケーションが困難になり、良好な人間関係を築くことが難しくなることがあります。

最近では、日常のコミュニケーションでもタイパ（タイム・パフォーマンス）が重視され、より短く、速く、効率的なやり取りが好まれるようになりました。

LINEを送った相手からすぐに返信が戻ってこないと、「自分は何か悪いことをしたのだろうか」と不安を感じる人も増えています。特に若い世代には「即レス」しなければ相手に悪く思われるとか、長い文章を書いて相手に読ませることは失礼だという風潮があります。

より短時間で、より効率的にコミュニケーションしたい、情報を吸収したいという

ニーズは日本だけではなく、世界的な流れなのかもしれません。先に触れたように、多くの人がブログよりX（旧Twitter）を選ぶようになり、最近では文章より動画、そしてYouTubeも長すぎるという理由でInstagramやTikTokの方が主流になっています。

ここで問題なのは、日本式のコミュニケーションというのは、もともと効率的なものではなく、情緒的で、曖昧で、複雑なやり取りが主流だったということです。

欧米の場合は文化的な背景が異なる相手とやり取りすることも多いため、具体的な言葉や態度で明確に表現しなければ、相手に伝わりません。

そこで自分が何かを話す際にはまず主旨を明確にして結論を示し、後からその理由を説明していきます。

誰かに何かの返事をする際はまず、イエスかノーかをはっきり伝えます。

他の人の意見に対しても、「I don't think so.（私はそうは思わない）」などのように自分の意思をきちんと表明することが求められます。

相手の価値観が自分の価値観と違うこともあるのは当たり前だという考え方が浸透

しているため、価値観の違う相手に合わせなければいけないと考えることがないからです。その代わり、誤解のないように自分の考えや立場を相手に伝えるために、幼い頃からコミュニケーションの練習をしているのです。

しかし、日本人のコミュニケーションはそうではありません。

そもそも、自己紹介をするにしても日常会話をするにしても、自分の考えや立場をはっきり伝えることは重視されておらず、余計な社交辞令を入れたりします。

何かの返事をする際も、イエスかノーかは曖昧です。

「いや〜、最近、仕事がとても忙しくて、やりたい気持ちはものすごくあるんですけど、でもやっぱり忙しくて……」

これは日本社会の一般常識で考えれば、「きっぱりダメとは言っていないけど、これだけ忙しいと言っているんだから受けられないということか」と察しなければいけないということです。

まずは目の前の相手に嫌な思いをさせないこと、相手に嫌われないことが軋轢《あつれき》のない日本型のコミュニケーションなのです。伝える側の本音は明確にはしないけれども、受け取る側が読解力を使って真意を察しなければいけないという共通認識があったわけです。

ところが、人々の読解力が低下してくると、この共通認識がうまく伝わらなくなります。

先ほどの例も、ひょっとしたら受け取る側が「ああ、この人はものすごく参加したいんだ。それなのに今はたまたま忙しいということか」「それなら、もう少し後にしたら参加してくれるかな」という理解をするかもしれません。

その結果、誤解やミスコミュニケーションが増えてしまいます。

返事をする側としてはすでに断ったつもりでいたのに、その後も誘いの連絡が来て、その都度、曖昧に答え……というやり取りが続けば、お互いに疲弊し混乱し、最終的には関係性が悪化してしまう可能性もあります。

言うまでもないことですが、私たちは学校でも、仕事でも、普段の生活においても、会話やメッセージによる連絡、さらに企画書や提案書、依頼書、発注書、契約書といった文書のやり取りなど常に言語を使って生活しています。

それらを理解する力がなければ、意図や意味が正しく伝わらずに誤解や混乱が生じて日常生活が難しくなってしまいます。

書き手にも読み手にも読解力が不足

このように、日本語というのはもともと相手の気持ちを察する力を必要とする言語だったのが、スマホの浸透やＳＮＳの登場によって、短く効率的なコミュニケーションが主流になったわけです。

では、そうなった時にイエスかノーで自分の意思を端的に明確に伝えるようになったのかといえば、そんなことはありません。

むしろ、相手に嫌われたくないから明確な物言いは避けたいという人はより増えているようです。詰問や追及に近いニュアンスが感じられるという理由から、LINEで句読点をつけることすら忌避されているほどです。

嫌われるのが怖いのであれば、本来なら言葉を尽くして自分の気持ちや事情を丁寧に説明した方がいいのですが、相手からウザいと思われるのを恐れてそれもしていません。

その結果、短い効率的な言葉のやり取りによって、ますます意図していない誤解や誤った情報の伝達が増えているというのが、現代のコミュニケーション不全の実態です。

近年は、特に著名人の発言などでネットが炎上するケースが増えています。もっと言葉を尽くして真意を説明していたら誤解されることも少なく、世間の反応ももう少し変わっていたかもしれないと思えるような事例も多数あります。

また、そういう著名人をネットで攻撃する人たちにも、書いてある内容を正確に読めずに勘違いしているケースや、一部を曲解して自分の都合のいいように理解しているケースも多々見られます。

そして著名人を批判する際にも、「あなたの言っていることは、こういう理由で不適切だと思う」「この部分が間違っていると思うから、自分は納得できない」といった言い方ではなく、バカだの死ねだの、酷い罵声《ばせい》や人格攻撃を短い言葉で浴びせるだけなので、受け取る方も耐えられなくなってしまいます。

基本的には他人への中傷や人格攻撃はするべきではないというモラルの問題もありますが、それ以前に書き手にも読み手にも読解力が不足していると感じるケースが少なくありません。

「みんな日本語が理解できる」の前提が崩れている

ところで、現在の日本の国語教育で重視されているのは、どちらかというと文法などの基礎的な国語力の育成より、心情読解（「この時の太郎くんの気持ちを答えなさい」）のような文学的な力の育成です。

おそらくその背景にあるのは、現在の日本が「識字率ほぼ１００パーセント」と言われるように「日本人なら、わざわざ日本語を教わらなくても読み書きができるのは当然のこと」という考え方です。

日本人は誰でも本や新聞は問題なく読めて、一般的な文章を苦労せずに書けるはずだし、その程度のレベルまでは家庭での教育で十分に到達できるという前提で国語教育が行われているのです。


一方、移民が多いアメリカでは実は昔から識字率が低く、合衆国教育省教育統計センターの調査によると、いわゆる普通の読み書きができない人（機能的非識字）が14パーセントもいるといいます。

意外に思われるかもしれませんが、この14パーセントの人たちは、日常会話は問題なくできています。でも、この人たちは新聞に書かれている内容はほとんど理解できませんし、自分の考えていることをきちんと書くことができません。

そしてアメリカでは、このような人たちは収入の低い職業にしか就けない状態にあります。英語を聞ける、話せる程度では職業選択の幅は狭く、希望する仕事には就けないのです。

きちんとした英語を読み書きできて話せる能力、そして基礎的な学力や専門知識がなければ、収入の高い職業や知的レベルの高い職業に就くことはほぼ不可能です。

そのため、アメリカにおける母国語教育は、論理的な文章や説明文がしっかり読み書きできることが基本とされています。

最低限、必要な文法を基礎からしっかり教え、心情読解の能力を追求する方向ではなく、定型的なレポートが書けるようにすることが国語教育の基本になっています。

もちろん日本とアメリカでは人種構成などの事情が異なるため一概にどちらがいいと断言することはできませんが、**アメリカ以外の先進国でも、一般的には論理的な文章や説明文を読み書きできるようになることが母国語教育の目的とされています。**

しかし先ほどから触れているように、最近の日本でも基礎的な文章の内容をきちんと理解し、自分の考えを論理的な文章にするという、ごくまっとうな読み書き能力が不足している人が多くなっています。みんな「普通に」日本語を読めるはずという前提が崩れてきているということです。

ですから、心情読解などの能力を身につける以前に、日本でもまずは基本的な文法や読み書きなどを教えることが必要です。

読まない人が増えているからこそ、言語の力を鍛えると有利

国語のみならず、あらゆる教科でも学力というのは読解力があるからこそ伸びていくものです。文章の理解が正確でなければ、内容を深く理解することはできません。**言い換えれば、「読解力はないけれど、算数はできる」という状況はあり得ないということです。**

そして、中高生が本や新聞を読まなくなったとはいえ、読書好きで月に10冊、20冊

読んでいるような子もいます。あるいは難関校の入試に向けて長文読解のトレーニングを重ねている子もいます。彼らの読解力と、普段スマホだけを使っている子どもたちの日本語力には大きな差がつき、その差はどんどん開いていくはずです。日本語の理解力の格差はその後も大きくなっていき、社会での競争力にも影響を及ぼすことになるでしょう。

これまでは大学までに学んだ知識と、社会に出てからの実務経験で対応してこれた人々も、新しい技術が次々に登場してくる中では、常に新しい知識を理解して応用する能力が求められます。

読解力が十分でない人々はそうした応用力に欠けることになり、周囲に遅れを取ることになるかもしれません。

逆に考えれば、こうした状況においては国語力を育むことが大きなチャンスになると言えます。本や新聞を読む人が減っているからこそ、読む習慣をつけて読解力を養っている人が有利だということです。

特に子どもが小学校に通う前に基本的な日本語を読めて書けるようにしておくと、

その後の学習にも大きく役立つはずです。

現代人に必要な「話す力・読む力・書く力」とは

ここまで、日本人の読解力が低下している現状についてお伝えしてきました。

本章の最後に付け加えておきたいのは、日本人はもともと「話す力」も不十分であるということです。

日本の国語教育では、アウトプットのトレーニングが非常に少ないため、自分の言いたいことや自分の考えていることを人前で話す力が不十分な人が少なくありません。

たとえば、アメリカでは幼稚園の頃から人前で自分のことを話す練習をしています。

アメリカの幼児教育といえば、子どもに人前で話す場数を踏ませるために、幼稚園や小学校で行っている「Show and Tell（ショー・アンド・テル）」が有名です。

これは文字どおり「見せて、話す」訓練です。

他の人に自分の持っている物や本、思い出の写真などを見せながら、それについて話をするというプレゼンテーションのトレーニングです。

たとえば、いつも使っている目覚まし時計を家から持ってきて、クラスのみんなに見せながら、「私はこの目覚まし時計で毎朝７時にアラームをセットしています。形もかわいいし、アラームの音楽も大好きな歌なので、毎朝楽しい気持ちで起きることができます」というように話をします。先生がうまくサポートしながら、クラスのみんなによくわかるように話をする訓練を幼稚園生や小学生にさせるのです。

このような訓練を日頃から行っている子どもは、人前で話をすることに慣れていきます。「短い時間の中で、どう話せばみんなにわかってもらえるか、どんな言葉を使えばいいか、どんな声量で話せば後ろの席まで伝わるのかを、子どもなりに精一杯考えます。まさにコミュニケーションの基本です。

その結果、子どもたちは人前でのプレゼンテーションに慣れ、話すことが苦手ではなくなります。

欧米ではこうした「アサーティブ（自己表現）トレーニング」が重視されています。「アサーティブネス」というのは、相手の主張を尊重しながら、自分の主張もできること。そのための自己表現能力を身につけるためのトレーニングがアサーティブトレーニングです。**内気で人前でしゃべることが苦手な子や、他人の言いなりになりがちな子も、こうしたトレーニングを行うことで、相手に不快な思いをさせずに自分の考えを伝えられるようになると言われています。**

こうしたことを、アメリカの幼稚園生や小学生はみんな経験しているわけです。ところが日本では、小学校で音読をさせることはあっても、自分の意見や体験を話すようなトレーニングはほとんど行われていません。

その結果、多くの日本人が人前で話をする際に苦労しているように感じます。また、日常的なコミュニケーションでも、自分が嫌だと感じることも我慢して飲み込み、結果的に大きなストレスを抱え込んでいる人も少なくありません。

しかし、日本でも最近は学校の入学試験や企業の採用試験でも面接が行われることが多く、人前で話す力、自分の考えを主張する力が重視される傾向にあります。当然、会社に入った後にプレゼン能力を問われることも少なくありません。

言い換えれば、話す力が優れていないとその人の能力が低く見られてしまうのです。

日本でも世界でも、読み書きだけでなく、きちんと話ができる力がますます求められているということです。

〔第２章のポイント〕

○スマートフォンやＳＮＳの普及などにより子どもたちの読解力が低下し、長文を理解できない傾向が強まっている。

○コミュニケーションはより短く効率的になり、その分誤解や誤情報も増えた。

○読解力の差は学力や競争力に影響するため、小さな頃から国語力を育むことが重要である。

○今の日本人は読解力だけでなく話す力も不足しており、今後はますます自分の考えを伝えるためのトレーニングが必要になってくる。

第3章　なぜ「5歳」が重要なのか

なぜ先取り学習がいいのか

ここまで幼児期からできるだけ多くの言葉を教えることが大事だという話をしてきましたが、時折、親御さんから「子どもが小さな頃からつめこんで教えるのはいいことなのか」という質問をいただくことがあります。

もちろん、子どもが嫌がるようなら、無理を押し付けるのは禁物です。

しかし可能であるなら、小学校に入る前からある程度は先取りして、親が丁寧に教えながら文字を読み書きさせておくことが子どもの成長に役立つと考えています。子どもに平仮名や片仮名を教えると、子どもはそれを使ってみたくなり、得意になって自分の名前や家族の名前を書くようになります。**自分の身についた語彙力を使うことによって、子どもの日本語能力は急速に進化していくのです。**

すると、小学校の入学時に文字を読めて書けるようになっているので、子どもは「自分は他の子より勉強ができる」という感覚を持ちやすくなります。

これは子どもにとって非常に嬉しいことであり、得意になれることです。「自分は他の子より頭がいい」というのは実際には錯覚や幻想に過ぎないのかもしれませんが、こうした感情をうまく利用して、子どもを知らず知らずのうちに勉強好きにさせてしまうのが得策です。そのまま勉強好きの状態が保てれば、さらに2年生、3年生の先取り学習をして、どんどん先に進んでいくこともできます。

ですから小学校入学までに、語彙に限らず、簡単な足し算や引き算、九九なども教えてあげるといいでしょう。

それを大人が丁寧に見て、「よくできたね」「あなたはすごいね」と褒めていくことで、子どもの自己肯定感はさらに高まります。

子どもにとって、「自分は他の子よりできる」という感覚がいかに大事かを示す話があります。

実は、教育関係者や学習塾経営者の間で、東京大学に合格する生徒にはある一つの傾向があると言われています。

それは、**東大合格者の多くが4月、5月、6月生まれだ**ということです。これは非公開のデータなので数値で証明することはできませんが、私自身も長く受験指導をしてきて、明らかにそれを実感しています。

その理由は、成長の速さによる自己肯定感の高さだと考えられます。

4月生まれの子と3月生まれの子は同学年であるものの、およそ1年の月齢の差がありますから、小学校入学時には一般的に身体的にも精神的にも成長の程度に大きな差が出てしまいます。

4月生まれの子は発達が早い分、比較的身体が大きく、足も速く、言葉も発達していることが多いです。その分、自信を持ちやすくなります。

一方、3月生まれの子は周りの同級生と比べて身体が小さく、運動能力も理解力も劣りがちです。その結果、「自分はできない」という劣等感が植え付けられてしまうことがあります。

実際には月齢による能力差は成長とともに縮まっていくものであり、知的能力の差があるわけではありません。

それなのに、東大合格者に4月、5月、6月生まれが多いのは、やはり幼少期に身についた「自分はできる」という信念が、受験生になるまで維持されているからでしょう。子どもの頃に培った自信が、そのままその子の成長を後押ししているのです。

幼児期に育まれた自己肯定感はその子の土台になる

先ほど生まれ月の話をしましたが、実際には中学生や高校生になって身体が成長した頃には、生まれ月の差などすぐに縮めることができます。実際、4月生まれより少ないものの、もちろん3月生まれでも東大に合格している子はいます。

ただし、幼少期からずっと子ども自身が「自分はできない」と思い込んでしまうと、非常に厄介です。

ですから、**早生まれの子が小学校に入学した時に4月生まれや5月生まれの子たちを見て萎縮《いしゅく》しているようなら、親御さんはぜひ「生まれた月が遅いから今は少し差が出ているだけで、あなたはできないわけではない」「これからどんどん追いつくよ」というメッセージを伝えてあげてください。**

さらに可能であれば、入学前に家庭で読み聞かせや読み書き、簡単な計算などができるように教えておいてあげるといいでしょう。

幼稚園や保育園では原則として読み書きや計算は教えないことになっていますが、教えている園も多くなってきました。できるだけ、それと同じようなことを家庭でカバーしておくということです。

中でも言葉は日常生活に密着していますから、おしゃべりが上手だとか、言葉をよく知っている、本が読めるというのは、子どもにとって達成感が大きいはずです。

先に触れたように、9歳の壁を越えるまでの子どもは記憶力優位という能力特性があるため、語彙を獲得しやすいということもあります。

それが就学前の子どもに語彙力のトレーニングを勧める大きな理由です。

逆に言えば、早生まれの子どもであろうと、先取り学習で子どもに自信をつけさせれば結果はついていくということです。

子どもは、幼稚園や保育園から小学校に上がった時、それまで見たこともないくらいたくさんの数の同級生を目の当たりにします。

それでなくても、小学校はそれまでの園の生活とはまったく違う未知の世界です。その中で自分だけが「わからない」「できない」と感じてしまうとしたら、その子はどれほど不安を抱くでしょうか。その後から挽回していこうとしても、意欲のもとになる自信が育っていなければ、なかなか先には進めません。

ですから小学校に上がる前に、ある程度「自分はできる」と思わせてしまった方がいいのです。するとその後も気後れせずに物事に取り組めるようになり、学校生活がずっとスムーズになると思います。

そして、幼児期から育まれた自己肯定感は、社会に出てからもその人を力強く支えてくれる土台になるのです。

褒められることで育つ子どもの野心

ところで、子どもには自信をつけることが大切だと書きましたが、自信には「根拠のない自信」と「根拠のある自信」があります。

子どもが小さなうちは、子どもができることはとことん褒めて「自分はすごい」「勉強は楽しい」という〝幻想〟を持たせることが重要です。

特に根拠がなくても自信を持たせることが、幼児教育の第一歩なのです。

その次のステップとして、なるべく早い段階から平仮名や片仮名、足し算・引き算、九九などの基礎学力を丁寧に身につけさせることで、「根拠のない自信」を「根拠のある自信」に変えていきます。

小さな子どもにとって、「自分は賢くなった」という実感を持てることは大きな成功体験になります。

一人で本が読めるようになった、自分の字で手紙が書けるようになった、知っている言葉が増えたというように、目に見える成果を積み上げることが子どもの「根拠のある自信」となっていき、「根拠のある自信」はいい意味での優越感や自己肯定感につながっていきます。

私自身、幼児教育にも携わるようになって実感するのは、何かができるようになって嬉しいと感じない子どもはいないということです。

そもそも人間にとって、ものを知ること、覚えることは楽しいことのはずです。特に「頭がよくなった」とか「お兄さん（お姉さん）らしくなった」と言われることを子どもは非常に喜びます。そして「自分は賢い」という自信がつけばつくほど、喜んで学ぶのです。

このように、**子どもがちょっと頑張ってできるようになるという成功体験を積むことによって「根拠のある自信」が身についていきます。**

もしも子どもが思ったようにできなくて癇癪《かんしゃく》を起こしても、親は焦らずに「絶対に、わかるようになるから大丈夫だよ」と伝えてあげましょう。子どもには無用な劣等感を抱かせないことが、子どもが勉強嫌いにならず、自信を持って人生を歩んでいくための秘訣です。

自己心理学の始祖である精神分析学者のハインツ・コフートは、**子どもというのは、もっと褒められたいと思って頑張る「野心の極」が生まれることによって成長する**と言っています。

赤ちゃんがはじめて歩いた時、親が「わあ、すごい！」と言って大喜びすると、赤ちゃんはもっと親を喜ばせたい、もっと褒められたいと感じ、さらにいろいろなことに挑戦するようになります。こうしたことを繰り返しているうちに、子どもに「人から認められたい」という欲求が生まれてきます。

コフートはそれを「野心の極」と言ったのです。

何かができた時に親に褒められた体験、親が自分を見て喜んでくれた体験、親から愛された体験が成長においてスタートラインになるということです。そうした体験が

「自分は大丈夫だ」「自分はうまくできる」という感情につながっていきます。

ですから、子どもにとって「自分は親に愛されている」「親から認められている」という感覚は、成長していく上でとても重要な要素になるのです。

「なぜできないのか」と責めても、メリットは一つもない

繰り返しになりますが、子どもを育てる上で大事なことは子どもの自信を育むことです。

逆に言えば、子どもに「自分はダメだ」と思わせるのは非常によくないということです。その結果、子どもが「自分なんか、何をやってもどうせ無理」と思うようになってしまうと、その後も勉強嫌いになるだけでなく、自己肯定感の低いまま成長していくことになります。

ですから、子どもに先取り教育で自信をつけるのはいいのですが、子どもができな

い時には無理に課題を押し付けたり厳しく叱ったりして、子どもを追い詰めないことが大事です。

特に小さな子どものうちは、叱られるよりも褒められるほうが自分の力を発揮できるものです。

ですから、幼児期には叱責《しっせき》や子どもが苦しいと思うことを徹底的に取り除いて、褒めた方がいいでしょう。

どんなことでもいいから、子どもが少しでもできるようになったら、「すごいね、こんなこともできるようになったんだ」「こんなことも覚えたの、ママは嬉しいな」などと褒めてあげましょう。

とにかく5歳までは褒めて褒めて、褒めまくることです。

むしろ子どもが「自分は賢いんだ」とうぬぼれて、調子に乗るくらいでいいのです。

「次はこれをやってみる」「あれもやってみたい」と楽しそうに挑戦するのが子どもの好ましい姿です。

それを周囲の大人が認めて褒めてあげることで、子どもは生きていることが楽しいと実感することができますし、「自分は生きている価値がある」「自分はうまくいく」という自己肯定感を育むことができるのです。

もちろん、何をしでかしても褒めろ、と言っているわけではありません。道徳的に悪いことをしたら、「それはいけないことだからやめようね」と指導することは必要ですが、幼児期は、基本的には否定しない姿勢が重要なのです。

先述のコフートによれば、**周りから褒められて育った人のほうが野心的になり、ストレス耐性が強くなる**と言います。ストレス耐性が強いというのは、何らかの障害や問題があって困難を感じた時も、その状況にうまく対処して心身の健康を維持できるということです。

ストレス耐性が強い人は、さまざまな困難にも柔軟に対応して新しい環境に適応していくことができます。

時々、親御さんが高学歴とか代々エリートの家系なのに、なぜかお子さんが勉強嫌いになったり苦手意識を持ってしまったりすることがありますが、多くの場合、小さな頃から子どもの嫌がることを無理に押し付けて厳しく叱っているケースが見受けられます。

もちろん子どもの将来のことを考えれば、勉強は大事だからと親が焦る気持ちもわからなくはありませんが、**子育てで一番やってはいけないのは、子どもに「自分はバカだ」「自分はできない子だ」と思い込ませること**です。

子どもにそう思わせて自信を失わせるメリットは一つもないどころか、子どもの成長にとっては害でしかないということを、多くの親御さんにわかってほしいと思っています。

できない時には無理をさせない

子どもが苦痛に感じることを無理に押し付けないほうがいいということは、私も自分の娘を見ていてよく感じたことです。

たとえば、娘が2歳半から5歳までの時期、私の留学のために家族でアメリカに滞在していたのですが、その際は英語を話せるようになる良い機会だと思い、娘を現地のプレスクール（幼稚園）に入れていました。

しかし、娘は英語をまったく喋ろうとしないのです。

言葉がよく聞き取れなかったのか、喋りたくても喋れるようにならなかったのか、本人が恥ずかしかったのかはわかりません。

とにかく、せっかくアメリカで幼少期を過ごしているのに英語をまったく喋ろうとしないので、親としては少し残念に思っていました。

テレビでセサミストリートを見ても、まったく関心もないのです。英語がまったくわからない娘にとって、英語のアニメーションも興味の対象ではなかったようです。

そのうち、妻は娘に英語を喋らせようとするのをやめて、毎日、日本語の絵本を娘に読み聞かせるようになりました。妻は異国で暮らす娘のために、たくさんの日本語の本を持ってきていました。すると、娘は俄然日本語に強い興味を持つようになり、読み聞かせした文章を丸暗記するようになったのです。

日本語の文字の読み書きも自分から積極的にするようになりました。日本語に飢えていた特殊な環境だったからこそ、自分の理解できる日本語に強い興味や関心を持ったということなのかもしれません。

日本語の本の読み聞かせがよほど気に入ったのか、2年半のアメリカ留学中に娘はすっかり本好きな子に育っていました。

幸いなことに、幼児期には話せなかった英語も、成長してからはできるようになりました。高2の時に娘はアメリカに留学し、普通に喋れるようになってアメリカで友だちもできて帰ってきました。

もしかしたら、娘は幼児期に耳で覚えていた部分もあるかもしれませんし、当時はちゃんと話せないと思っていたから恥ずかしくて口に出さなかっただけで、相手の言っていることは聞き取れていたのかもしれません。

そこはわかりませんが、とにかくその頃の本人が嫌がっていた英語を無理にやらせずに、日本語をやらせて良かったと思っています。

２年半もアメリカのプレスクールに通っているのに一言も英語を喋らない娘に対して当時はどうしようかと思っていたけれども、その時に「どうしてできないんだ」と怒ってもどうしようもありません。

むしろ子どもが萎縮して、さらに喋らなくなってしまったかもしれません。

結局のところ、**言葉を教えるにしても、計算を教えるにしても、子どもができない時に無理やり押し付けるのは逆効果**です。

もちろん、子どもができるのであれば、どんどん先取りさせたらいいのです。

５歳の子どもにも、九九でも小数の計算でも本人が興味を示していて挑戦できそうなら、やらせてみたらいいでしょう。その挑戦をすることで、また実際にできることで、子どもは「自分はできる」と思えて次に進む気力が湧きます。それは周りが「あなたは賢い」と伝えるよりも効果的です。ですから、その子ができそうなら、なるべく教育の先取りをしておいた方がいいと思います。

でも、子どもができない時に無理をして押し付けると、子どもの自尊感情が傷ついて自信を失ってしまいます。

ですから親は我が子をしっかり観察し、その子が今、苦痛を感じていないかどうか、多少は難しくても挑戦できそうかどうかといった見極めをすべきなのです。

子どもの「快体験」をつくる好循環

子どもというのは、良い循環に乗るとどんどん成長していきます。

良い循環というのは、このような繰り返しです。

わかる・できる

↓

自信を持つ

←　子どもが自ら挑戦するようになる

←　多少できなくても、もう一度挑戦してみる

←　さらにできるようになる

子どもは何かを教えれば基本的にはできるようになりますが、わからない、できないとしたら、取り組んでいるもののどこかに理解できない部分があるということです。

したがって、もしうまくできない場合は、子どもがわからない部分を入念に見つけて、それを一つずつ解消していけばいいということです。

そして、子どもが理解できたら、「よくわかったね」「できるようになったね」と声をかけて、子どもに自信をつけてあげましょう。子どもは楽しい気分になり、もっとできるようになりたいと感じます。

これが学ぶことによる「快体験」というものです。
人間はこうした快体験がないと、物事を続けていくことができません。
その反対に、悪い循環とは、このような繰り返しです。

できない・わからない
←
自信を失い、悲しくなる
←
挑戦しなくなる
←
さらにできなくなる
←
「どうせ何をやっても無駄」と思うようになる

できない時は、取り組んでいるもののどこかに理解できない部分があるのですが、悪い循環を繰り返す親は、子どもが理解できない部分を見つけようとすることも、それを解消しようとすることもしていません。ただやみくもに「あなたはなぜこんなこともわからないの！」と子どもを責めるだけです。

こうなると、子どもは自分の力を信じることができなくなり、悲しい思いをします。その結果、自分から勉強しようという意欲がなくなるので、なおさら勉強が苦手になってしまい、いわゆる「落ちこぼれ」というのは典型的にこうしたパターンから生まれます。

ですから、子どもが親の思う通りにならなかったとしても、親の理想に合わせようとしたり叱ったりするのは、できる限り我慢した方がいいでしょう。

そして**親は勉強がわからないという子どものＳＯＳを見逃さず、そういう時こそ、ゆっくり丁寧に話を聞いてあげることが大切です。**

さらに**勉強法がその子に合わないと感じるのなら、やり方を変えてみることです。**

親が家庭で子どもに教える最大のメリットは、一般的にいいとされる方法がその子に合わないと判断した場合に別の方法に変更できることです。それは学校や幼稚園、塾などでは難しいかもしれませんが、家庭でこそできることです。

また、子どもの脳というのは発達の真っ最中であり、いわば未熟な状態です。

その上、発達のスピードには個人差があり、周りの子ができても、その子だけできないということもあり得ることです。

そもそも未熟な脳への過度なストレスは、健やかな発達に悪影響となってしまうこともありますから、子どものうちはくれぐれも無理をさせない方がいいでしょう。

それよりも、発達による個人差はその子の個性の一つだと捉え、できないことを無理やり頑張らせて子どもを苦しめるより、その子が楽しいと思うこと・できることをどんどん伸ばしてあげていく方が、その子の能力の発掘につながることもあります。

子どもが今できなくても、親は焦らないことです。

この子はダメな子だなどと思い込まずに、「この子の脳は今、発達の途中だ。伸びている最中なんだ」と信じて見守ってあげてください。

そして子どもの様子を見ながら、その子が挑戦しやすいような工夫や、学ぶことが面白いと思って乗ってくるような声かけなどを心がけましょう。

愛情あってこそ叱る効果がある

私は、子どもが十分な思考力を持つまでは、基本的にはあまり細かく「ダメ」と言わない方がいいと考えています。

行動を止められたり、禁止されたりすることが増えれば増えるほど子どもは萎縮してしまいますから、子どもが小さいうちは、できるだけ自由に行動させることが大切です。

では、幼児期はまったく叱らない方がいいのかと言えば、そうではありません。

やはり人としてやってはいけないことに関してはきちんと叱る必要があります。

たとえば、命に関わるようなことや危険なことをした時、人に危害を加えた時など、やっていいこととやってはいけないことを教えるために、周りの大人はしっかり叱らなければいけません。

しかし、**幼児期には「自分は親から愛されている」という実感を子どもに持たせることがもっとも重要です。普段から自分が親から愛されているという実感を持っている子どもは、親から叱られた時にも自分が悪かったことを素直に認められます。**

しかし、親に叱られてばかりいる子どもは「お母さん（お父さん）は、きっと自分のことが嫌いだから叱っているんだ」と感じてしまうことがあります。そして叱られても、「親は自分のことを思って叱っている」という気持ちにはなれず、ただただ不快で、苦しい思いをするだけになってしまうのです。

やはり子どもの教育においては、あくまでも親の愛情を与えることを優先すべきだということです。

特に、周囲の目を気にして、あるいは周りに合わせるために子どもを叱るのはよくありません。

よく見られるのが、子どもの個性が大事などと言いながら、周りに合わせた行動ができない子どもを叱る親です。

子どもにしてみれば、それはダブルバインド（言葉に出しているメッセージと裏にあるメッセージの間に矛盾がある二重拘束状態）に感じます。親はたいして意識せずにやっていることでも、子どもはそうした矛盾を敏感に感じ取って不信感を抱くため、賢明な教育とは思えません。

また、私から見れば、日本の親には過剰に恐れ過ぎている人が多いと思っています。親自身が周りに嫌われたくないとか、世間から浮きたくないとか、親の教育が悪いと思われたくないなど、いろいろなことを先回りして不安に感じてしまう人が少なくありません。

たとえば日本の社会では、小さな子どもが電車内で大声を出したり、幼稚園や保育園で先生の言うことをおとなしく聞けなかったり、列にきちんと並べないことなどを問題視して、「親のしつけがなっていない」と言われますし、親たちも非常に気にしています。

しかし、小さな子どもが決められたルールに従えないだけで「悪い子だ」と責めて子どもを否定するという発想はやめた方がいいと思います。

そもそも、日本の大人たちは「周りのルールに合わせて行動するのが正しい」とか「目上の言うことが絶対に正しい」という「常識」を疑うことがありませんが、ひょっとしたら、そうやって従順に周りに合わせてきた結果が、今の「失われた30年」につながっているのかもしれないとも思うのです。

それはともかくとして、子どもは小学校に入ればどうしても細かいルールに従わざるを得ないわけですから、それまではもう少し子どもの好きにさせてあげてもいいと思っています。

そして子どもにとって最もよくないのは、親から褒められることもなく、叱られることもないことです。

子どもにとっては、良くないことをした時に叱られることよりも、親に気にかけてもらえない、相手にされないほど辛いことはありません。

ですから、幼児期の子どもに対しては基本的には愛情を持って大らかに見守るという姿勢で過ごしながら、子どもが本当に悪いことをした時にはきちんと叱り、何がよくないのかを教えてあげることが大事です。

弟を勇気づけた母の言葉

私には1歳下の弟がいます。

私自身は小さい頃から言葉が達者で学校の成績が良かったのに対し（屁理屈ばかりこねていたので周囲からは変わり者と言われていましたが）、弟は学校の授業についていけないようなタイプの子でした。

12月生まれの弟は小さな頃から病弱で、同級生に比べて成長も遅いように見えました。文字や数の覚えも悪く、小学校入学時には普通学級で勉強をするのは難しいのではないかと周囲から危惧されていたそうです。

私の父は、そんな弟のことを成績のよい私と比べて、「アホなほうの子」と呼んでいたくらいです。

父が本当に弟をアホだと思っていたかどうかはわかりませんが、父は弟が小さな頃から勉強ができないと決めつけて接していました。

しかし母は違いました。

母は、私にも弟にもずっと「お前は賢い」「お前はできる子だ」と言い続けていました。

弟が計算できなくても、「今はできないかもしれないけど、後で絶対できるようになるから」と言い、根気よく弟に付き合っていました。

弟は小学校入学後にそろばん塾に通ったものの、左利きのためにうまく弾けず早々に挫折してしまいますが、その後は母の勧めで公文式の教室に通うようになりました。

個人の理解度に応じて段階的に教材に取り組んでいく公文式のやり方が合っていたのか、弟は次第に積極的に取り組み始めます。

小学4年生頃になると、一つ上の学年の算数までできるようになった弟は、ぐんぐん自信をつけるようになりました。彼は公文式で初めて同じ年の子に勝つ体験をして自信をつけたのです（もちろん他にもできる子はたくさんいましたが）。

そんな弟は、中学受験では不本意な結果に終わりますが、その後は奮起して勉強に挑み、現役で東大文Ⅰ（法学部）に合格しました。

東大生の中でも珍しく大学在学中に司法試験に合格し、東大法学部を卒業した後は法務官僚としてキャリアを積んでいます。

その弟を支え続けたのは、やはり母だったと思います。

母は、いわば落ちこぼれだった弟にも一貫して「できる」「お前は本当は頭がいい」と声をかけて励まし続けてきました。そのために弟は劣等感を持たずに勉強し続けることができたのです。

弟は中学受験では不本意な結果に終わりますが、その後は「負けるものか」と気力を高めて、自分を鼓舞することができたのです。

実は私も弟に頼まれて彼の受験生時代に勉強法を教えてサポートしていましたが、成果が出たのは、弟自身に「自分はできる」という信念があったからだと思っています。そして、それはやはり幼少期からの母の育て方が大きく影響していたと思います。

しかし考えてみれば、母は私と弟それぞれに「お前は勉強ができる」とか「東大に行ける」などと言い続けていましたが、その言葉に明確な根拠があったとは思えません。

私の両親は、東大など出ていない、ごく普通の大卒、女学校卒です。学力と遺伝は関係があるとは言いがたい例でしょう。

学校の勉強や大学くらいまでの入学試験対策には生まれながらの素質が影響するというよりも、単に要領よく効率のいい方法で勉強すれば成績は上がり、勉強の仕方が悪ければ成績は上がらないというだけのことです。

もちろん、勉強には記憶や知識の蓄積が大事なので、小さな頃から勉強していたかどうかの差は出るとは思いますが、それは遺伝的資質とは異なります。

親の信念と本気が子どもの心を強くする

ともかく母は、自分や夫の学歴はおかまいなしに、私たち兄弟に「お前は勉強ができるはず」と言い続けたのです。

私の見る限り、母は弟に対しても「この子もきっとできるようになる」「できないわけがない」と心から強く信じていたようなところがあります。

母のこうした信念を裏打ちしていたのは、おそらく自分の一族の存在でした。

自分の父親（私の祖父）は当時すでに亡くなっていましたが、上野の美校（現在の東京藝術大学）を卒業して彫刻家をしていたこと、戦前は一族が商売で成功して裕福だったこと、一族はみんな出来がよくて周囲から一目置かれる存在であったことなどを、母や祖母はよく話していました。

母も父も決して学歴が高いわけではありませんでしたし、戦後は非常に貧しかったのですが、母の自己肯定感を支えるものとして「いい家柄」や「一族が賢かった」という思い込みがあったのだと思います。

でも、このような思い込みというのは、実は非常に大事です。

戦争で自分の家は没落してしまったけれども、もともとは賢い家系であり、その家の血を引いている子どもたちは必ず成功するはずだと母は信じて、子どもたちに期待をかけ続けたのです。

それが私の弟にも伝わり、強い自信となって残ったのでしょう。

母のこうした強い信念は、弟だけでなく私にも影響を及ぼしました。

「何があってもプライドだけは捨てるな」という母の教えは、勉強はできたけれどもずっといじめられっ子だった私を勇気づけました。

「やられたら、やり返せ」ではなく、「やられたら、勉強で見返してやれ」と母に言われ続けてきた私は、いじめられた時も「負けてなるものか」という悔しさを思いっきり勉強にぶつけることができたのです。

また母は、変わり者だけれども天才だったと言われた彫刻家の祖父を誇りに思っていたためか、私が変わり者と言われて周りとうまくやれなくても、あまり気にすることはありませんでした。それなら、将来一人でも食べていけるように資格を取って稼げる仕事に就きなさいと言って、私に医師や弁護士になることを勧めたのです。

母は自分の父親を見て育ったため、周りに合わせて丸くなった方がいいという感覚をあまり持っていなかったのでしょう。

このような親の言葉や励ましも、子どもの能力を伸ばすために役に立つことがあります。子どもの学力を伸ばすために勉強法やテクニックも必要ですが、それ以前の問題として、**親が真剣に子どものことを信じ、励まし続けることが成功のカギとなる**のです。

近年は、自信を持てない親御さんも増えています。

日本は長きにわたって景気が低迷しており、親の世代も自らが就職氷河期で苦労したり、自分の親のリストラを経験したり、物心がついた時から景気が悪かったりして、勉強や仕事を頑張ってきた割にはあまりうまくいかないと感じている人も少なくありません。ですから、どちらかというと親御さんたちも自信を持ちづらい時代になっていると思います。

また、成績のいい子の親は受験で勝ってきた人たちが多いと思われているからか、遺伝的な要因が強いと思われがちなのでしょう。

しかし繰り返しますが、大学受験くらいまでの入学試験対策には、資質よりもやり方の方が強く影響します。

どのようなやり方で、どのくらいやったかが大事なのです。

いずれにしても、親が「この子は大丈夫」という自信を持てないと、子どもも自信を持てませんし、親が不安を感じていれば、子どもの不安も強くなります。

何か明確な根拠がなければ自信を持てないと思われるかもしれませんが、**子育ての成功の秘訣は、親子ともに、いかに自信を持ち続けることができるかどうかだ**ということは忘れないでほしいのです。

そのためには、まず親が子どもを信じること。子どもが理想通りにできなくても、すぐにあきらめないことです。

ですから、なるべく早い時期に、どうやって子どもに成功体験を持たせるかを考えてあげてほしいと思っています。

子どもが負けた時は、別の方法で自信を回復させる

ところで、１９６０年生まれの私は、学校でテストがあれば順位が廊下などに貼り出され、運動会の徒競走では順位をつけられて育ちましたが、今の学校教育からは競争というものが意識的に排除されるようになりました。

テストの順位は勉強が苦手な子を傷つけないために明かされなくなり、徒競走では運動が苦手な子が萎縮しないように順位付けをすることもなくなりました。

このように、昨今では子どもになるべく競争をさせない方がいいという風潮がありますが、心理学者のアルフレッド・アドラーは、人は生まれつき優れていたいという優越性の欲求を持っていると言います。そのため、子どもも大人も他人との競争を通して、自分の芽を伸ばしていくのではないでしょうか。

ただし、どんな子でも負けてしまうことがあります。

負ければ当然、劣等感を抱きます。

劣等感を持つのはそもそも悪いことではありませんが、それによって「自分はダメな人間だ」という劣等コンプレックスとして残ってしまうとしたら、子どもの成長にとって喜ばしいことではありません。子どもの自己肯定感が低下し、意欲ややる気をなくしてしまうことがあるからです。

ですから、**親は何かの競争で子どもが他の子に負けて劣等感を持った時は、その劣等感を違う方法で優越感に変えてあげる必要があります。**ちょっとしたことでいいので、他のことに挑戦させ、うまくいく経験を通して、子どもの自信を回復させることが大切なのです。

小さな子どもを持つ親御さんは、特に子どもの様子をよく見ながら、うまくできたところがあれば大いに褒めて野心を引き出す一方で、子どもが競争に負けて自信をなくした時には、別の方法で勝たせて回復させてあげたりするなど、いろいろな方法で子どもの自信を持たせるよう意識するといいでしょう。

子どもが夢中になれることを探そう

つまり、子どもができることに関しては、なるべくその能力を伸ばしてあげたほうがいいということです。文字の読み書きであれ、算数の能力であれ、足の速さであれ、どんなことでも人に勝っていやな気持ちになる子どもはいません。

付け加えると、競争力という面からも語彙力や読解力は重要です。

実際には勝ち負けで測れることではありませんが、語彙が豊富な子や弁が立つ子は目立つ上に「自分は賢い」と思いやすいため、自分は人より優れているという気分を味わいやすくなります。

また、こうした学習能力以外でも、たとえばポケモンに詳しいとか、キャラクターの知識が豊富というのでもいいし、絵を描くのが上手だとか、ブロックで立体模型をつくるのが得意とか、ダンスが得意とか、動物に詳しいとか、図鑑が読めるとか、漫画が読めるとか、とにかく何でもいいのです。

私も子ども時代は車やミニカーが大好きで、「コロナ」「クラウン」など当時人気の自動車の名前をよく覚えていましたが、「僕は車の名前を誰よりも知っている」ということが誇らしくてたまりませんでした。

子どもが夢中でやっていることがあるなら、こんなことは意味がないなどと思わずにどんどん褒めて伸ばしてあげてください。

ポケモンやキャラクターに詳しいのはさまざまな物事を分類して関連づける博物学的知能が優れているのかもしれませんし、ブロック遊びが上手なのは空間的知能に優れているからかもしれません。子どもをよく見て自分の取り柄に気づかせ、「たくさんのことを知っているね」とか「計算が速いね」などのように、その取り柄をもっと伸ばせるように持っていってあげることが大切です。

子どもの様子をよく見て、子どもが夢中になれるものを見つけられるサポートをするのが、幼児期の親の一番大切な仕事ではないかと思います。できないことを責めたり、その子に合わないことを続けさせたりしても何の意味もありません。

ただし、遊びでも勉強でも子どもが何かに熱中することは大事ですが、スマホやゲームなどには気をつけた方がいいと思います。

依存症になる危険性のあるものを幼いうちから子どもに際限なく与えるのは避けたほうが賢明です。

子どもの向上心、好奇心を伸ばすのは親の役割

さらに、幼いうちから「賢いことは格好いいことだ」という思い込みを子どもに持たせることも大事です。

字が書けること、本が読めることを「すごい、大人みたいだね」と褒めたり、「もうすっかりお兄さん（お姉さん）だ」と言葉をかけてあげたりして、子どものプライドをくすぐるのです。その子専用の鉛筆やノートなどを買ってあげるのも一つの方法です。とにかく幼児期から勉強に向かう姿勢を褒めてあげるといいでしょう。そして、

ことあるごとに「今日も一つ新しい言葉を覚えたね」「今日は新しい本を読めたね」「今日も頭が良くなったね」と子どもの進捗状況を認めてあげると、毎日続けようという子どもの向上心を後押しできます。

子どもが夢中になれること、得意になれること、興味を感じることを見つけたら褒めて伸ばし、「僕はできる」「私はできる」と思えるようサポートしてあげてください。

また、この時期の子どもは「なぜ?」「どうして?」としつこく聞いてくることがあります。

脳が著しく発達して語彙が増えてくる2、3歳頃から学童期までは、外の世界に興味が広がっていく時期であり、子どもの興味や関心の対象も増えてきます。それにつれて、子どもの疑問や質問も増えてきますが、中にはそれを面倒くさいと思う親御さんもいるようです。

でも、それは子どもの知的好奇心の高さの表れです。

子どもの好奇心を伸ばすのは親の役割だと考えて、親御さんはその知的好奇心を育む手伝いをしてあげてください。

幼児期にはイヤイヤ期などもあって大変だと感じることも多いかもしれませんが、子どもの能力を伸ばすためには非常に大切な時期であり、親御さんがしっかり愛情を注ぎ、手をかけて育てる必要があります。

しかし、どうしても親御さんの手が離せない時や忙しい時もあると思います。そんな時は、「今は料理をしていて手が離せないから、ちょっと待っててね」「お母さんのお仕事が終わったら、一緒に絵本を読もうね」などと理由を添えて一声かけ、後から必ず約束を守ってあげることです。

その時はできなくても、後からやるという約束は必ず守るのです。そうすれば、子どもはしばらく我慢することを覚えるようになります。

〈第３章のポイント〉

○小学校に入る前からある程度は先取りして、親が丁寧に教えながら文字を読み書きできるようにさせておくことが子どもの成長に役立つ。

○子どもに自信を持たせるため、褒めて成功体験を積ませることが重要である。

○子どもができなかったり、失敗したりしても、「あなたは頭がいい」「できる」と言い続ける。

○子どもの脳は発達の最中であり、発達スピードには個人差がある。子どもの様子をよく見て無理をさせないこと。

○競争で子どもが抱いた劣等感を他の成功体験で補い、子どもの自信を育むことが大切。

○子どもの得意分野を見つけて伸ばすことで、健全な自信を育てる。

第4章

今日からできる「語彙力を伸ばすレッスン」

家庭でできる言語化トレーニング

幼児期の教育といえば、私立幼稚園や私立小学校の入園・入学試験など、いわゆる「お受験」を考えている親御さんも多いことでしょう。

附属の小学校や幼稚園に入れれば、たいていはそのまま中学、高校、大学まで進学することができるため、我が子を受験させたいと思う親御さんも多いかもしれません。

しかし一つ頭に留めておきたいのは、受験して附属の小学校に入学した子どもの学力は、その後あまり勉強しなくなり伸びなくなる可能性もあるということです。

附属の大学が将来進学したい学校であればいいのですが、もしも難関大学や専門性の高い大学・学部などに進学したい時には、小学校から中学、高校と継続して学力を高めていく必要があります。

実際、中学からほかの中高一貫校へ受験し直す生徒もいます。

言うまでもありませんが、子どもの教育でもっとも大事なのは、経過より結果、つまり卒業後の人生の選択です。**高い学力や知力、専門知識を獲得し、将来的に職業選択の幅を広げることが、教育の真の目的です。**

お受験に成功して安心してしまうのではなく、受験後も、親が覚悟を持って継続的に子どもの学びをサポートしていくべきでしょう。

親子のコミュニケーションの一つとして、一緒に読み書きや簡単な計算に挑戦していくことで「わかる体験」「できる体験」「褒められる体験」を積み上げていくと、それが子どもの喜びや自信につながり、結果的に勉強が好きになる可能性が高くなります。

もちろん、それぞれの成長に違いがあるため、お子さんに合った方法で進めていただいて大丈夫です。どんなペースであれ、まずは始めることが重要です。

本章では、就学前の子どもを持つ親御さんに向け、子どもの言語力を鍛えるために家庭でできる8つのレッスンについてお伝えします。

幼児教育というものは、高いお金をかけなくてもできるものです。

もちろん高度な教育をする幼児教室などに通わせるのもいいでしょう。ただ、家庭でも親御さんが子どもとの接し方を変えるだけで、子どもの知的能力を伸ばしていくことができます。

親御さんは何かと忙しいので、なかなか時間をかけられないかもしれませんが、たとえば寝る前の読み聞かせの時間を少しだけ長くして子どもと対話する時間を増やすとか、可能なら幼稚園や保育園から帰った後に少しずつ読み書きの練習をさせるのもいいと思います。

また、近くにお祖父さんやお祖母さんが住んでいらっしゃるなら、ぜひ協力を仰ぎ、子どもと一緒に本を読んだり、言葉遊びをしたり、平仮名や片仮名の練習などを実践してもらうのも一つの方法です。

とにかく、**周りの大人全員が子どもの能力を育んでいく努力を惜しまないことが大**

切です。

レッスン1
読み聞かせで子どもの言語発達を促す

小学校入学までにぜひやっておきたいのは、子どもに言葉や文字に対する興味・関心を持たせることです。中でも大事なことは、以下の３つです。

・たくさん言葉を知る（語彙力をつける）
・話の筋を追えるようになる
・自分で平仮名が読めるようになる

このほかに「平仮名が書けるようになる」「片仮名の読み書きができるようになる」「漢字が読めるようになる」などのように、その子が進んでいけるならどんどん先に進んでいっていいと思いますが、基本的には前記の3つが大事です。

そのためには、まずは絵本などの「読み聞かせ」から始めるといいでしょう。2歳からでも3歳からでもかまいません。その子が楽しんでいる様子なら年齢は問いません。

子どもに本を読んであげることは、子どもが文字を読む力を身につける前に、文字に対する興味を育てることにつながります。

基本的には子どもが気に入った絵本を何回も繰り返し読んであげることが大事ですが、はじめは平仮名で書かれた短めの絵本をお勧めします。

そして子どもにも絵本の絵と文字を見せながら読み聞かせると、子どもは徐々に文字を覚えていくようになります。

子どもは記憶力が優れているため、短い物語であればすぐに覚えてしまいます。物語自体を先に覚え、その後に頭の中で文字と音を一致させていくのです。

繰り返し読み聞かせをすることで、子どもは言葉と物語を自然に暗記するようにな

ります。

幼少期にアメリカに住んでいた娘の話は先に触れましたが、わからない英語とは違い、娘にとって日本語の本の読み聞かせはとても楽しかったようで、あっという間にストーリーを覚え、言葉を覚え、どんどん本に興味を持つようになっていきました。

読み聞かせの際に新しい言葉が出てくると、子どもは「これってどういう意味？」とたずねてくることがあります。

たとえば、新美南吉の『ごんぎつね』には「ぬかるみみち」「あわれ」などの言葉が出てきますが、今の子どもにはわからないかもしれません。

わからない言葉が出てきたら、辞書やインターネットなどで一緒に調べて教えてあげます。

その時にはただ言葉の意味を教えるだけでなく、その言葉を使う場面やシチュエーション、例文などを示すことで、子どもはより深く理解することができます。

絵本を通じて会話を重ねることで、その言葉がどのような場面で使われるのかが自然にわかるようになっていくのです。

こうしたコミュニケーションを通して、子どもの国語力が鍛えられていきます。

読み聞かせは親子関係の向上にも効果的

また、親が子どもに本を読んであげるのは、愛情を伝える良い機会でもあります。

たとえば、子どもと身体を寄せ合って絵本を読んであげる、子どもを膝の上に抱っこして読んであげる、子どもの目を見ながら絵本の話をする……など、子どもにとっては親から愛されていると感じられる特別な時間になります。

さらに、絵本を読みながら子どもを主人公にして話してあげたり、登場人物によって声色を変えてお芝居のように読んでみたり、子どもに登場人物のセリフを言ってもらったり、絵に注目して子どもと一緒にその世界に浸ったりすることもできます。

このように「楽しい」とか「嬉しい」という感情（快情動）がともなうと、子どもは絵本を通して、より豊かな語彙を身につけることができます。

お母さんやお父さんの愛情がともなった読み聞かせは親子のスキンシップを増やし、子どもに安心感や信頼感を与え、情緒の安定につながるのです。

このため、子どもに本を読んであげることは、「親から愛されているという感情（快情動）」と「勉強を教えてもらうこと」を結びつける効果があります。

小学生以降になって子どもが勉強をする時にも、幼児体験として親の読み聞かせがあるかどうかで、その意欲は大きく変わってきます。米国小児学会は保護者が生後すぐから子どもに本を読み聞かせることを推奨する声明を発表していますが、それは、やはり読み聞かせが言語能力の獲得や親子関係の向上につながるからとされています。

このように、子どもが小さい頃に親が読み聞かせをしたかどうかが、子どものその後の学力向上に関わっていることは、国内外の研究で明らかになっています。**就学前に親が読み聞かせをしていた子どもは、そうでない子どもに比べて、読む力や書く力、さらに算数の成績でも平均的に優れている**という調査結果があるのです。

4人のお子さん全員が東大理三に合格した「佐藤ママ」こと佐藤亮子さんとは、これまで何度も対談などでお話ししていますが、彼女はお子さんが3歳になるまで、1人につき、なんと1万冊もの本の読み聞かせをしたそうです。また、佐藤家では子どもの手の届くところに新聞や本を置いていたそうですが、小学生になるまでに本に慣れさせて、本好きにしてしまうのは得策です。そうすることで、子どもが基礎的な読解力を自然に身につけることができます。

絵本の読み聞かせというのは、子どもの教育にとっても親との関係づくりにとっても非常に良いことですから、幼児期は特にたくさんの絵本を読んであげてください。

また、小さな子どもは気に入った本を繰り返し読んでもらいたがる傾向があります。子どもは同じ本を繰り返し読んでもらううちに、「次は〇〇がこう言うんだよ」などと話の展開を覚えていたり、そのストーリーやキャラクターについて説明しようと努力したりします。子どもがこうして楽しんで読むことで、語彙力や表現力が伸びていくのです。

親にしてみれば、何度も同じ本を読むのを苦痛に感じるかもしれませんが、子どもの言葉の発達のために大事な過程だととらえて、ぜひリクエストに応えてあげてください。

レッスン2 読み聞かせた後は、子どもを「話し手」にする

さらに、読み聞かせをした時に（子どもが自分で読んだ時でもいいのですが）、親御さんにぜひやってほしいのは、本を読み聞かせて終わるのではなく、子どもとその本の話をすることです。

それも単に「面白かった？」と感想を聞くのではなくて、「どういうことが書いてあったっけ？」「この子はいったい何が欲しかったんだろうね？」などと、内容について聞くのがポイントです。

本を読み聞かせたり、自分で読ませたりした後に、そこにどんなことが書いてあっ

たのか、誰が出てきて何をしたのかを親が聞いてみます。
そうやって子どもが要約した内容が、物語の本質やストーリーをきちんとつかんでいるかを確認し、子どもがよくわかっていない部分があったら、親子でもう一度ページをたぐりながら物語を追ってみる。そんなふうに親がサポートして、文章理解のきっかけをつくってやることが子どもの読解力を伸ばす第一歩になるのです。
小さな子どもでも、昔話のような、なるべくシンプルでストーリー性のある本を使えばできるでしょう。
また、子どもが慣れないうちは、クイズのように出題してみるのもいいと思います。
「あおむしが、月曜日に食べたものは何だっけ？」「あおむしがちょうちょになる前、何になったのかな？」（絵本『はらぺこあおむし』）
「さるは、だれにやっつけられたの？」「どうしてやっつけられちゃったのかな？」（絵本『さるかに』）
子どもが面白がって乗ってくれればどんなものでもいいのですが、子どもによって理解度や楽しいと思うところは違います。

もしも数に興味を持つ子がいれば、こうしたクイズの中に、「あおむしは全部で何個、食べ物を食べたのかな？」などと数を数える練習を入れてみるのもいいでしょう。とにかく、子どもが興味を示す箇所をよく観察しながら、試行錯誤することが大切です。親の観察眼や実験精神、創意工夫が試されているということです。

また話の本筋を追うだけでなく、文章には表現されていない主人公の気持ちを表現させてみたり、主人公以外の登場人物の気持ちを想像させてみたりなど、一つの物語をさまざまな角度から自由に読み解くことができるのも、本の魅力です。

読み聞かせを通して、子どもの想像力や表現力を養うことができます。

読み聞かせを通して、子どもを聞み手にするだけでなく、話し手にしてあげることが大事です。

子どもの考えを否定せず、考える力や話す力を引き出そう

ところで、絵本の中には「めでたしめでたし」にはならない話もあります。

たとえば、先ほどの『ごんぎつね』は小学校の教科書にも載っている有名な童話ですが、ひとりぼっちのごんぎつね（ごん）がちょっとしたイタズラ心で村人・兵十が捕まえたウナギを盗んでしまったことから、最後は兵十に銃で撃たれて死んでしまいます。自分のイタズラが原因で、病に伏せっていた兵十の母がうなぎを食べられずに亡くなってしまったことを知ったごんは反省し、償いのため兵十の家に毎日木の実などの食べ物をこっそり届けていたのですが、その気持ちは兵十には届きませんでした。自分の行いがきっかけとはいえ、改心して〝償い〟をしていた主人公のごんが命を落としてしまうわけですから、子どもには少し酷な内容かもしれません。

でも、一筋縄でいかないストーリーだからこそ、子どもと一緒に「どうしてこんな

ことになったんだろうね」とか、「ごんは、なんでこんなイタズラをしちゃったのかな」「ごんはこの時、どんな気持ちだったと思う？」などと話してみたくなるポイントがたくさん出てきます。そこで子どもに考えさせ、その考えに大人がしっかり耳を傾けることが、子どもの思考の幅を広げるきっかけになるはずです。

ただし、この際に重要なのは、**子どもに典型的な答えを求めない**ということです。**世間一般で良しとされるような答え、いわゆる「正解」を子どもに押し付けないこと**です。

たとえば、子どもはこんなふうに答えるかもしれません。

「悪いきつねがいなくなってよかった」

子どもというのは、このように大人からすれば想定外の感想や、やや突飛なことを言ってくることもあります。

親としてはそれがぎょっとするような答えであっても、慌てて子どもを否定せず、「どうしてそう思ったの？」と優しく聞いて、子どもの本音を引き出しましょう。

考えてみれば、罪を犯した人が後でいくらいいことをしても被害者が救われるわけではありませんから、子どもの言っていることもあながち間違いではありませんし、ある意味では子どもらしい、素直な感想と言えるかもしれません。

そもそも、あらゆるシチュエーションを想像してみること自体は悪いことではありません。

一般論ですが、日本の親というのは、自分の子どもが人と異なる意見を言った時に、慌てたり、否定しようとしたり、いわゆる「常識」や「正論」と呼ばれるものを無理やり押しつけようとする傾向があります。

しかし、せっかく子どもがそう考えたのですから、まずは「どうしてそう思うの？」とその子なりの考えや見解を聞いてみることが大事です。

もしかしたら、その子は他の人にはないユニークな着眼点を持っているかもしれませんし、まだ幼くて人の気持ちが十分に理解できていないのかもしれません。ただ言葉足らずなだけかもしれません。

親は子どもが想定外の答えを出してきても、「そんなひどいことを言ってはいけない」などと子どもの考えを否定しないことです。

そして子どもが人と違うことや驚くようなことを言ったら、「そういう考え方もユニークだね。そういう考えもあると思うけど、世の中の人や周りの人たちはこんなふうに思っているかもね」ということを、あくまで一般論として教えてあげて子どもに考えさせるのも一つの方法です。

とにかく親は子どもの言ったことに焦らず、「なぜ？」「どうしてそう思ったの？」と聞いて、子どもを対話に引き込み、子どもの考える力や話す力、表現する力を引き出しましょう。

さらに、子どもが本を読んだ後に何かを伝えようとしてきた時には、しっかり耳を傾けてあげることが大切です。

子どもは、自分が知ったことや覚えたことをアウトプットしながら理解を深めていくのです。

レッスン3

読み聞かせながら、子どもに字を読ませる練習をする

絵本の読み聞かせの際は、子どもに文字に対する興味を持たせることも大事です。まずは絵本の平仮名で書かれた文字を見せながら、ゆっくり読んであげてください。子どもが興味を持って「これはなんていう字?」と聞いてきたら、「これは『あ』だよ」と丁寧に教えてあげると良いでしょう。

大人の感覚からすれば、字というのは読めて当たり前のように思えますが、字という概念を持っていない幼児が字を覚えていくのは根気が必要な作業です。

しかしそれだけに、子どもにとって字が読めるようになるということは達成感の大きな経験といえます。子どもにとって最初の学びの大きなステップであり、「自分で字が読めるようになった」ということは、子どもの自信形成に非常に重要な意味を持っていると考えられます。

子どもが文字に興味を持つようになったら、自分の名前を教えてあげましょう。た

とえば「わだひでき」と声に出しながら何度も字を見せているうちに、子どもも、これが「わ」で、これが「だ」だということが少しずつわかってくるようになります。さらに、家族の名前や祖父母、お友だち、先生の名前などを教えていきます。

そのようにして少しずつ字を覚えさせたら、今度は子どもにも絵本を読んでもらいます。

最初は、親がゆっくり読み聞かせます。一定の長さの文章を何回か読み聞かせたら、次は「じゃあ、次は〇〇ちゃんが読んでみようか」と言って、読ませてみます。

そこで読めなかったら、また親が読んで聞かせてあげます。その過程で、子どもは頭の中で字と音を一致させます。そうやって子どもは次第に字を覚えていくのです。

この時子どもを急《せ》かさないようにしましょう。

大切なことは、たくさん読めることや完璧にできることではなく、文字の数は１つでも２つでもいいから「自分で字が読めるようになった」という感覚を持てることで

す。子どもが字に対する興味さえ持ってくれれば、それでいいのです。

本来、字を読めるようになりたいという欲求はほとんどの子どもが持っているはずですから、興味を持てれば、そのうち徐々に自分から読もうという意欲が出てきます。

ですから、まずは子どもが字に対する興味と自信を持てるよう、親御さんはその子のペースを見ながら根気よく進めることが大事です。

特にこの時期は、幼稚園や保育園で「○○くんはもう字が読める」とか「あの子はもう字が書けるらしい」といった話が保護者同士で交わされることもあるかもしれませんが、周りの子の進捗具合に惑わされて焦らないようにしましょう。

子どもの好きな本を読んでいい

子どもが本を読む時には、物語や小説などを読ませようとする親御さんが多いと思います。

しかし、物語や小説が好きではない子どももいます。

実は私自身、登場人物の心情読解が不得意で、小学生時代は国語が唯一の苦手科目。正直言って物語や小説には興味を持てませんでした。ただし、小さな頃から理系的な興味があったため、図鑑は好きでよく読んでいましたし、小学校2年生頃からは小学生向けの新聞を読むようになりました。それらを読むことで、知らなかったことを知る喜びを感じるようになりました。

小学校高学年からは大人の新聞を熱心に読むようになり、さらに社会問題に関心を持つようになりました。

やはり子どもにも好き嫌いがあります。

学校で課題図書が決められていることがありますが、それぞれ興味の対象が違うのに読む対象を人から押し付けられていることが、子どもの読書離れや国語嫌いを助長していると思っています。子どもの興味の対象はそれぞれ違うのですから、せめて家では読むものを無理に押し付けず、「あなたが好きな本を読んでいいよ」と言ってあげるほうが、子どもが本を敬遠しなくなるはずです。

そしてどんな本でも、読んだ後にその内容を振り返ったり、親子で話し合ったり、言葉を教えたりすることで、子どもの語彙力や読解力を身につけていくことができます。

要は、**子どもが興味を持つ分野で、その子の能力を伸ばしてあげることが重要だ**ということです。

動物が好きだという子には動物図鑑を読ませればいいし、乗り物が好きな子には乗り物の本、恐竜が好きな子には恐竜の本を読ませてもいいと思います。

さらに、子どもが興味を持つなら図鑑で読み聞かせをしてもいいし、辞書が面白いという子なら、親が一緒に読んでみるのもいいでしょう。

時々、子どもがマンガは読むけれども本はあまり読んでくれないと言う親御さんがいますが、マンガでも構わないと思います。むしろ活字離れが深刻な今はマンガを読めない子も増えていますから、子どもが楽しく読んでいるなら「うちの子は勉強が好きなのかも」と前向きに考えていいくらいです。

マンガを読んでいれば文字を読むトレーニングになりますし、物語の流れを読み取る力や語彙力もついてくると思います。

子ども向けの新聞も、読売・朝日・毎日・中日など新聞各社から出ていますが、漢字にふりがなが振られていたり、子どもが関心を持ちやすい話題を取り上げていたりと、子どもにも読みやすい工夫がされていますから、興味を持つようならこうしたものを読ませるのもいいでしょう。

とにかく物語、図鑑、新聞、幼児向けの百科事典、辞書、マンガ、学習マンガ、歴史マンガなど、どんな本でもいいので、まずは文字に触れる機会を増やすことが大事です。

レッスン４
テレビで「考える力」「話す力」をつける

読み聞かせや読書以外に、たとえばテレビでも子どもに言葉に対する興味や関心を持たせることができます。

そもそも、まだ言語を理解する力が低い子どもは、言葉への興味や関心が薄いこともあります。ですから、子どもと一緒にテレビでアニメなどを見ながら、「今のお話ってどういうことかな？」と聞いてみたり、出てきた言葉を親が丁寧に教えてあげたりするのも一つの方法です。

また、ニュースを見ていて選挙の話題が出てきたら、

「選挙っていうのは、みんなで大切なことを決めるための方法だよ」

「都知事選っていうのは、東京都のリーダーになる人をみんなで選ぶことだよ」などと説明すれば、子どもも理解しやすくなります。

もちろん、小さな子どもが理解できない言葉もたくさんありますから、なるべくわかりやすい言葉を選んで説明してあげることが大事ですが、それでわからなくても受け入れて、無理に教え込もうとしないことです。

今すぐ理解できなかったとしても、親がそうした姿勢で過ごしていれば、子どもも徐々に自分の知らない言葉に反応して意味を聞いてくるようになってきます。

また、大人が思う以上に子どもが理解できることもありますから、子どもの理解力を見くびらず、なるべくよく話をすることが大事です。

ただし、ニュースには難しい話も出てきます。

もしかしたら、子どもから「せんそうってなに？」と聞かれることもあるかもしれません。

紛争や戦争などは小さな子どもに話すには複雑なテーマですが、その時にも子どもがすべてを理解できなくても、なるべくわかる言葉で教えてあげるといいでしょう。

その際は、どちらが良くてどちらが悪いというように物事を単純化して決めつけるのではなく、戦争でも一方が良くて一方が悪いとは言い切れないということ、どちらの国にもそれなりに言い分があるということなども教えてあげて、子どもの思考の幅を広げてあげることが大切です。

もちろん、そうしたことを小さな子が理解するのは難しいかもしれませんが、小学校入学後は子どもが接する人数も増えていき、さまざまな人とコミュニケーションをとる機会が増えていきます。

幼い頃から、人間や社会というのは複雑なものだというニュアンスも伝えておくことで、子どもがさまざまな視点で物事を考える力を高めることにつながると思います。

テレビのニュースや新聞というのは、普段とは異なる分野に触れることができるため子どもの世界が広がっていきますし、社会に興味を持たせるにしても、語彙力を鍛えるにしても効果的だと思います。ただし、子どもが興味を感じていないようなら無理して見せることはありません。興味がありそうだったら、話を広げていけばいいということです。

ですから、基本的にニュースを子どもに見せるのはいいと思いますが、子どもがテレビから悪影響を受けて偏った価値観や考え方になっているように思われたら、やはり親が介入すべきです。場合によっては、その番組は見せない方がいいかもしれません。

たとえば、ワイドショーなどは多角的な説明が必要な問題に関しても、非常に短い時間で話さなければいけないという制約があります。その時間ではいろいろな視点から問題を深く考察することができず、結局は一方的な見方しか紹介できないこともあります。

そういう番組を子どもに見せても日本語の力が伸びるとは思えませんし、場合によっては誰か一人を悪者にするような一方的な見解に思われることもあります。

そういう時には、やはり親による「フィルタリング」が必要です。

また、昨今はお笑い芸人になりたいという子どももいますが、もしも子どもがお笑い番組を見ていて芸人になりたいと言ったら、「そっか、じゃあお母さんを笑わせて！」と言って、子どもに面白いことを考えてもらうのもいいでしょう。

本当に芸人になるかどうかは別として、5歳で人を笑わせるような気の利いた話ができるのであれば、将来は有望です。学校や会社に入った時に、その子のユニークな感性や着眼点が生かせるかもしれません。

要は、**テレビを見ながら子どもと一緒にいろいろなことを話してみて、子どものさまざまな能力や意欲を引き出してあげる**ということです。

時々、子どもは大人の世界のことは知らなくていいと言う親御さんもいますが、私はそうは思いません。どちらかといえば、私自身がませた子どもだったので、新聞やニュースで知ったいろいろなことに興味を持ち、それについて大人たちから話を聞いたり、話をしたりするのが好きでした。

でも、よく話してくれる大人もいれば、相手にしてくれない大人もいました。

しかし、やはり子どもが自分から興味を持って質問してきた時に大人が邪険にせず、丁寧に教えてあげた方が、子どもの意欲や自尊心も高まるはずです。

レッスン5

話し方の基本を教える

第1章で、話す力がなければその人の能力が低く見られてしまうということに触れましたが、小さな子どものうちから「話し方の基本」を教えてあげることも大事です。

幼児期には「あのね〜、〇〇ね〜、なんかね〜」という話し方をする子どもが多いけれども、もう少しきちんとした話し方ができれば「賢い」と言われることが増えますから、子どもにとっても大きな自信になります。

そこで、子どもの話し方の基本を３つお伝えします。

話し方の基本① 「いつ」「どこで」「誰が」などの5W1Hを押さえる

小さい子どもが話をする時には「誰が」や「いつ」などが抜けることがあります。

そのため、子どもが一生懸命に話をしているのに、何を言いたいのか伝わらないことも多々あります。

子どもには、「いつ」「どこで」「誰が」「なにを」「なぜ」「どのように」という5W1Hを入れることが大事だということを丁寧に教えてあげましょう。

また、子どもの話を聞いている時も、「誰が言ったの？」「いつ？」などを優しく聞いて、５Ｗ１Ｈを意識しながら話をさせることを心がけましょう。

この要素を盛り込みながら話ができたら、とても上手な話し方になります。

また、子どもに「ママ、スプーン」などと言われたら、すぐ取ってあげる親もいますが、そんな時には「スプーンがどうしたの？」と聞いて、子どもにきちんと話をさせることが大事です。親が子どもの思いを察して何でも先回りしてお世話していると、子どもの語彙力も表現力も行動力も伸びていきません。

話し方の基本②　結論から話す

大人でも話し下手な人がいますが、そういう人の多くは話が冗長で回りくどいために結論が伝わりづらいことが多いです。話しているうちについ話が長くなってしまい、結局、何が言いたいのかが人に伝わらないのです。

そうならないために学べる話し方の基本的なノウハウに、「ＰＲＥＰ法」というものがあります。

Point（結論）→ Reason（理由）→ Example（具体例）→ Point（結論）

これは、まず結論を述べ、そう考える理由と具体例を説明し、最後にもう一度結論を伝えるという方法です。

たとえば、「最近は日本が貧しくなったと言われますが、私はそうは思いません」と結論を述べた後に「なぜなら……」と理由を述べ、その後に「たとえば……」と具体的な例を出して理由を補足し、最後に結論を繰り返します。

これはスピーチや会議での発言など、多様な場面で使える基本的な話し方です。

もちろん子どもにここまでやらせる必要はありませんが、**「最初に自分が言いたいことを言って、その後に理由を話したら伝わりやすいよ」ということを教えておくと、子どもにも自分の言いたいことをロジカルに、わかりやすく伝えるためのスキルが身につくはずです。**

話し方の基本③　理由を複数あげる

②で述べたように、きちんと理由を入れて話すと話が論理的になり、相手にも伝わりやすくなります。「〜をしたい」だけではなく、なぜそれをやりたいと思うのかという理由を、子どもにもきちんと話をさせるということです。

親が子どもを叱る際にも感情的に怒るのではなく、それをしてはいけない理由をきちんと説明することが大事です。

「ここで騒いだら、品物を壊すかもしれないから」「あなたがケガをするかもしれないから」「お店の人やほかのお客さんに迷惑をかけるから」などの理由を話せば、子どもに伝わりやすくなるだけでなく、子どもが論理的に考える練習になります。

その際に、理由は複数、できれば3つ程度あげると説得力が増します。

以前、小論文指導の第一人者である樋口裕一さんからこんな話を聞いたことがあります。

樋口さんがフランスに留学していた時に感じたこととして、フランス人は何かを主張する際には必ず3つ程度は根拠を示す習慣があるそうです。

たとえば下宿屋のおばさんが家賃の値上げを住民に伝える時も、「あなたは来月から50ユーロ多く払わなくてはいけない。なぜなら3つ理由がある」というように話すというのです。つまり、何か主張したいことがある時には必ずその正当性を裏付ける根拠を複数用意します。

フランスの子どもたちも、小さな頃からそのように訓練されているそうです。

一方、日本の場合は1つの理由で済ませるケースが少なくありません。

たとえば高齢者の交通事故が起きると、すぐに高齢者の運転がヘタだから、というように、1つの理由を決めつけて、だから免許を取りあげるべきというような短絡的な結論を出してしまう傾向があります。

実際には、運転事故を起こす件数がもっとも多いのは10代です（警視庁「令和5年中の交通事故の発生状況：原付以上運転者（第1当事者）の年齢層別免許保有者10万人当たり交通事故件数」）。次に多いのは20代前半であり、高齢者の事故率がとりたてて高いとは言えません。しかも、高齢者の免許保有人口はこの10年で約2倍に増えていますが、高齢の運転者による死亡事故の件数はほぼ横ばいなので、高齢者による死亡事故の割合が増えているとは言えません。

むしろ、高齢者が免許を返納することで高齢者が要介護になるリスクが高まることも明らかになっています。

子どものニックネーム禁止も同じように短絡的です。「いじめが増えている」から「いじめにつながりそうなニックネームを禁止する」というのは、いじめを減らす根拠も曖昧であり、極端で的外れな論理です。

それよりも、子どもにいじめが起きた時にどうするかをきちんと教えておくほうが有益です。スクールカウンセラーの利用方法や、いじめられた時には学校を休んでも評価が下がらないとか、保健室登校という手もあるということなどを、子どもたちに事前に教えておけば、精神的な後遺症や自殺もかなりの確率で防げるはずです。

日頃から、さまざまな角度から物事を考える力を養っておかないと、目の前の不安や怯えに駆られて短絡的な予防策を掲げてしまうのです。

家庭でも常に複数の理由や根拠を考える習慣をつけることで、子どもに論理的に考える力をつけることができます。

普段の会話の中でも、子どもに複数の理由を考える力をつけられるように親が導いてあげましょう。たとえば、お弁当と給食の頻度を選べる幼稚園がありますが、子どもがお弁当を希望しているとします。その時にただ「お弁当がいい」という子どものリクエストを受け入れるのではなく、「どうしてお弁当がいいと思うの？」と聞いてみます。

その際に、子どもがたとえば「お母さんのハンバーグが好きだから」と答えたら、「それはうれしいな。ほかにも理由はないかな？」などと聞いて、２つ目の理由を聞き出します。

そこで子どもが「お弁当箱がかっこいいから」と答えたら、さらに「そうか。今２つ理由が出たね。もう１つ、何かないかな？」と聞いて、３つ目を考えさせます。

子どもにとって一つの理由を考えるのは簡単でも、２つ目、３つ目の理由を考えるのは結構大変なことです。

しかし、この２つ目、３つ目の理由を考えて絞り出させることが、子どもの思考の幅を広げることにつながるのです。

どんな理由でもいいので、２つ目、３つ目を出してもらいましょう。

最初は難しいと思いますが、親が常に「どうしてそう思うのかな？」「ほかに理由はないかな?」「3つも理由が言えたね」などと根気よく聞いて、子どもが論理的に物事を考える手助けをしてあげることです。

面倒な作業かもしれませんが、子どもの言語化力や思考力を伸ばすためには、親はこの時期こそ子どもと根気よく向き合い、丁寧に対応することが大事なのです。

レッスン6

遊びながら楽しく語彙を増やす

幼児期の子どもが言葉を覚えるために、親子で言葉遊びをして語彙を増やすのもいいでしょう。

特に「しりとり」は、音と文字を一致させるのにとても有効です。

たとえば、いちごの末尾の「ご」とゴリラの先頭の「ゴ」が同じものだということがわかるようになります。こうした言葉の感覚を身につけていくことも一つの勉強です。

もちろん、しりとりができるようになると子どもの語彙が増えていきます。親は「まだ少し難しいかな」と思える言葉もあえて言ってみて、子どもに新しい言葉を覚えさせる機会にするといいと思います。

子どもがわからなかったら、親子で一緒に辞書を引いて意味を調べてみましょう。それを繰り返すことで、子どもに辞書を引く習慣をつけさせるのです。**辞書を引く習慣をつけると語彙力が高まるのはもちろん、わからないことを自分で解決する力や自主的に学ぶ姿勢が身につきます。**

これは、将来の学習や生活において非常に重要なスキルになります。

もちろん知っている言葉が増えていくことで、子どもの自尊心も高まるでしょう。一緒に言葉の意味や成り立ちを学ぶことで、言語全般に対する関心や理解が深まります。

辞書や事典でいちいち調べるのは面倒だと思うかもしれませんが、最近は電子辞書など手軽に使えるものが世の中にたくさん出回っていますし、スマホでも調べられますから、わからない言葉が出てきたら、すぐに調べる習慣をつけましょう。

幼児期は、歌で言葉を覚えるのもいいと思います。メロディに乗せて歌詞の言葉を覚えることで、記憶が強化されやすくなります。また、歌のリズムに合わせて発音することで、楽しみながら言葉を覚えていきます。

前述の佐藤ママ（佐藤亮子さん）も、一人ひとりのお子さんに1万回は童謡を歌ったとおっしゃっていました。

歌詞には、日常会話では使わないような言葉が含まれていることも多いので、新しい語彙を学ぶ良い機会になるでしょう。

さらに、ゲームで遊びながら言葉を覚えていく方法もあります。

ボードゲームの中には、「ワードゲーム」とジャンル分けされるタイプのゲームがありますが、これは言葉を使って楽しむ種類のゲームです。

ひらがなカードを使ったしりとりゲームや、カードの文字をつなげて言葉をつくるゲーム、バラバラになったカードを組み直して意味のある言葉に戻すゲーム、反対の言葉を探すゲームなど、未就学児や小学校低学年の子どもでも遊べるものもあります。

そうしたボードゲームで楽しく遊びながら言葉を覚えていくのもお勧めです。

そのほか、言葉を使った遊びとして、カルタやクロスワードパズルがあります。

幼児が楽しめるクロスワードや文字のパズルの本なども販売されていますので、親子で楽しみながら学ぶのも良いでしょう。

ちなみに、ボードゲームやカードゲームの中には、言葉で遊ぶものだけでなく、子どもが数字に強くなるようなゲームもありますので、数に興味のあるお子さんにはそちらもお勧めです。

レッスン7
親子でアウトプットの練習をする

言語化の力を鍛えるには、言葉を覚えることも大事ですが、それを実際に使うこと、つまりアウトプットすることで、より身につけやすくなります。

たとえば、第2章でお伝えした「Show and Tell（ショー・アンド・テル）」は自分の好きな物や本を人に見せながら話をするトレーニングですが、それを家族の前でやってもらうのもいいでしょう。

テーマは何でもいいのですが、たとえば子どもが好きなぬいぐるみについて話してもらうとします。子どもにぬいぐるみを一つ選んでもらい、いつ、どうやって手に入れたか、どこが好きなのかなどを自由におしゃべりしてもらいます。

子どもから言葉が出てこないようなら、大人がいろいろ質問をして言葉を促します。

「それは、いつ、どこで、誰に買ってもらったの？」

「その子はなんていう名前？」

「どうしてその名前をつけたの？」

「その子のどこが好きなのかな。好きなところを３つ教えて」

ほかにも、好きなアニメや食べ物、仲のいいお友だちや好きな先生のこと、クリスマスプレゼントに欲しいもの、自分で描いた絵やつくった工作物についてなど、さまざまなテーマで話をしてもらうのもいいと思います。

また、子どもだけでなく、時にはお父さんやお母さんが昔の写真や誰かにもらったお土産、昔から大事にしている物などを見せながら、子どもにいろいろな話をしてあげるのもいいかもしれません。

普段は知らない親の一面を知ることができて子どもは喜ぶと思いますし、子どもにとってもいいお手本になるはずです。

こうしたことを積み重ねるうち、子どもも人前で話すことに慣れていきます。

上手になってきたら、親だけでなく、祖父母の前でやってもらうとか、3分間などの制限時間を決めて話をするなど、少し難しいことにチャレンジさせてもいいでしょう。

さらに応用編として、物自体はほかの人に見せず、子どもに説明だけをしてもらい、親がその物を当てるというクイズ形式にしても面白いと思います。

このように親子で楽しみながら学んでいくと、子どものプレゼン能力や表現力が著しく伸びていくはずです。

また、親が子どもに関心を持って働きかけることで、普段から子どもにたくさん話をさせます。

「今日は幼稚園でどんなことがあった？　お母さんに教えて！」

「今日はどんな1日だった？」

「さっき見たテレビはどこが面白かった？」

答えが「はい」「いいえ」だけでは終わらない質問をして子どもに話させることで、子どもの考える力や表現力を育てることができるのです。

レッスン8
平仮名・片仮名を書く

これまでは、子どもの「読む」「話す」トレーニングを見てきました。

後は字を「書く」ですが、読めるようになってくると、たいていの子どもはだんだんと書けるようになっていきますので、書くことに関しては就学前にはそれほど心配しなくてもいいと思います。

むしろ親が焦ってしまって、子どもに書くことを早く覚えさせようとする方がよくありません。時々、「なんで字が書けないの！」と厳しく怒る親御さんもいますが、親の焦りや怒りは子どもを萎縮させるだけです。

「読み書き」といわれるように、まずは読めるようになることを優先しましょう。それができたら、次第に書くことに挑戦させていくのがいいのです。

ただし、子ども本人がやりたがるのであれば、どんどん挑戦させてあげたらいいと思います。平仮名を書ける子どもは、できない子どもたちからすれば、とてもかっこよく見えるはずです。ですから、**子どもが「読み書きできるって、かっこいい」と思える状態をつくることが、勉強のモチベーション喚起としては大事**です。子どもも、自分の名前が書けたことを褒められれば悪い気はしないはずです。

「自分の名前が書けるなんて、すごいなあ。じゃあ今度はパパの名前も書いてみて」と言われたら、その気になって書き始めます。

「自分は他の子よりもできる」と子どもに思わせるために、平仮名を書けるようにしておくというのも一つの方法です。

子どもの発達によって違うので、子どもが嫌がったり抵抗したりするようなら無理をしてはいけませんが、４歳や５歳で平仮名や片仮名を覚える子もいます。

子どもの様子を見ながら、先取り学習として平仮名や片仮名を書けるようにしておくのもいいし、可能なら簡単な足し算や引き算を教えておくのもいいと思います。前にも触れたように、9歳の壁を越えるまでの子どもは記憶力優位という能力特性があるため、平仮名や片仮名、計算を教えると、どんどん覚えていく子もいます。

小学校入学時に、先生の話すことが理解できて基本的な読み書きもできるようになっていると、子どもの自信につながりますから、子どもにとって無理のない範囲で挑戦させてみるといいでしょう。

少しずつ文字を書けるようになってきたら、おじいちゃんやおばあちゃんに手紙を書かせるのもお勧めです。

おじいちゃんやおばあちゃんが自分の手紙を喜んでくれたら、子どもも得意になってさらに字を書くようになるかもしれません。

とにかく子どもの様子をよく見ながら、親は決して焦らず、子どもが楽しく学習できるよう考えることが大事です。

〈第４章のポイント〉

○レッスン１・読み聞かせ／幼児期は本の読み聞かせをして、子どもの言語発達を促す。

○レッスン２・読み聞かせの応用／子どもは思ったことを言語化するのが上手ではないので、読み聞かせ後に子どもに本の話をしてもらい、思いを言葉にする力を養う。

○レッスン３・字を読ませる／読み聞かせながら、子どもに字を読ませる練習をする。

○レッスン４・テレビで考える力や話す力をつける／テレビ番組は親のフィルタリングが必要なこともある。

○レッスン５・話し方の基本を教える／「いつ」「どこで」「誰が」などの５Ｗ１Ｈを押さえる、結論から話す、理由を話すようにする。

○レッスン６・遊びながら楽しく語彙を増やす／しりとり、歌、ボードゲーム、カルタ、クロスワードパズルなど親子で楽しみながら文字や言葉を覚えさせよう。

○レッスン7・親子でアウトプットの練習をする／話をするトレーニングに親子で挑戦して、人前で話す力をつける。
○レッスン8・平仮名・片仮名を書く／小学校入学時に基本的な読み書きもできるようになっていると子どもの自信につながるので、無理のない範囲で挑戦させる。

第5章　親の意識が子どもの将来を変える

「できない」ことより「できた」ことに注目する

幼児教育でもっとも大事な点は、子どもにどう向き合うかという親の意識です。教育熱心な親は、子どもが問題を解けなかったり平仮名を書けなかったりすると、カッとして怒ってしまうことがあります。しかし、子どもができないからといって親が感情的に怒ると、後々まで子どもの心理状態に悪い影響を及ぼしますからよくありません。

この時期にもっとも大事なことは、子どもにポジティブな思い込みをつくり、勉強好きにしてしまうことですから、子どもが将来にわたって意欲的になれるかどうかは、この時期からの親の接し方が鍵になってきます。

たとえば平仮名を覚え始めた時に子どもが5つの字しか書けなくても、「5つしか書けないの？」ではなく、「5つも書けたんだ。すごいね！」と言ってあげられるか

どうかが大きな分かれ道です。

子どもがやった結果を見て「これしかできていないの？」と子どもの「できない」ことを気にして怒る親と、「こんなにできたんだね」と子どもの「できた」ことに注目して認める親とでは、どちらが子どものやる気が出るでしょうか？

考えてみれば、大人でも外国語を覚える時に「5つしか単語を書けなかったの？」と言われたら情けなくなり、自分には向いていないと思ってしまうかもしれません。親から見れば物足りなく思えたとしても、子どもにしてみれば、一つも書けなかった状態から五つも字が書けるようになったのです。子どもが一生懸命やったからこそ、ここまで到達できたのだと、その努力を讃《たた》えてあげましょう。

また、以前と比べて読み書きなどができるようになっていたら、「今週はここまでできたね。どんどんできるようになっているね」と子どもの進捗具合を認めてあげましょう。

子どもに限らず、多くの人は誰かから認められ、褒められることで意欲が上がります。

小さな子どもにとっては特に、頑張って字が書けるようになったらお母さんが喜んでくれた、お父さんが自分を認めてくれたということが、嬉しい気持ち（快情動）につながり、勉強することが好きになっていきます。そして親をもっと喜ばせたいと思って、さらに頑張るようになります。**この時期の勉強というのは意外にも子どもにとって辛いものとは限らず、「快体験」につながることも多い**のです。

しかし、子どもができないからといって親が感情的に怒ったり焦ったりすると、勉強と不快情報が結びついてしまい、子どもは勉強嫌いや勉強が苦手になってしまいます。ですから、ぜひ子どもの頑張りを認めて、どんどん褒めて伸ばしてあげてください。

そのためには、日頃から子どもをよく観察して、子どもができるようになったこと、頑張っていることを探してあげることが大事です。

別に、読み書きや計算ができなくてもいいのです。

「今日は、言葉を1つ覚えられたね」

「そんな難しい言葉を使えるなんて、大人っぽいね」

「お話をよく聞けたね」

「今日は２冊も本を読んだね」

「わかりやすくお話しできたね」

「自分から字を書こうとするなんて、すごいね」

どんなことでもいいから、子どもが頑張っているところ、努力しているところ、前よりもできるようになったところに注目して褒めることです。

それによって子どもが自信を持てるようになれば、学ぶことが楽しくなり、自分からいろいろなことに挑戦してみようと思うようになるはずです。

できない子どもを叱るのは愚の骨頂

子どもが勉強を嫌いになる理由はシンプルです。

それは勉強がわからないのに無理やり押し付けられて「なぜできないのか」と責められるからです。できないことを強制されて喜ぶ人は大人でもいないはずです。

特にお受験が絡むような場合、親の理想通りに子どもができないと感情的に当たってしまう親御さんもいます。

親に庇護《ひご》されている子どもにとって、親というのは圧倒的に強い立場にあります。そんな相手から激しく責められるという状況は、子どもの立場になってみたら相当に恐ろしいことです。子どもが強い恐怖心や劣等感を感じてもおかしくありません。まだ勉強に慣れていない4歳や5歳の幼児であれば、なおさらです。

親はせっかく子どもの能力を伸ばそうとして一生懸命に教えても、「こんなこともわからないの！」と怒ってしまったら、子どもは「自分はダメな子だ」と劣等感を感じ、勉強する意欲を失ってしまいます。

こんなに辛いことを押し付ける親に対して恐怖感や嫌悪感を抱き、「自分は見放された」とコンプレックスを抱えてしまう子もいるかもしれません。

そもそも、いくらできない子どもを責めても、それで子どもができるようになるわけではありませんよね。

もしも、子どもがうまくできないとしたら、それはやり方が間違っているからかもしれません。親の言い方や伝え方が悪かったのかもしれませんし、何かの教材を使っているなら、その教材がお子さんには合っていないのかもしれません。

あるいは、子どもの発達度合いに合っていないとか、子どもが興味を感じないことを無理やり押し付けているのかもしれません。

仮に今のやり方で子どもができないなら、できるようになる方法を考えなければいけないし、むしろわかるような教え方をしていない親や教師が悪いということです。

ですから、親ができない子どもに怒りをぶつけるのは、愚の骨頂といえます。

怒るのであれば、「こちらのやり方が悪かった」「こんな小さな子に無理な方法を押し付けてしまった」と、自分に対して怒るべきです。子どものせいにしていては何も解決しないどころか、子どもの劣等感を高めてしまうだけです。

私は、基本的にダメな子どもというのはいないと思っています。

ダメな子どもがいるのではなく、うまく教えられない親がいるだけです。

そして、常に忘れてはいけないのは、子どもは一人ひとり違うということです。もちろん兄弟姉妹でもまったく異なることもあります。

それぞれの理解に個人差があるのに、教え方がそれに対応していないと、子どもは勉強がわからなくなり、嫌いになってしまいます。

ですから、幼児教育の塾で聞いたことや教育本で知ったメソッドでも、「これさえやっておけば大丈夫」というものはありません。

たとえば、本書では佐藤ママ（佐藤亮子さん）のお名前を何度か出していますが、彼女は私の本も含めて勉強法の本を100冊以上読み、その中から4人のお子さんそれぞれに合いそうな方法を試行錯誤しながら採用していたそうです。

佐藤さんご自身も教育本を出されていますので、それを読んで、その中で言っていることをそのままマニュアルにしようと考える親御さんもいるかもしれませんが、大事なのは本質的な部分を参考にするということです。

たとえば、たくさんの本を読んでその中から我が子に合う方法だけを選ぶという主体性や、子どもに適切な方法が見つかるまで探すという探求心、子どもにとことん向き合う姿勢、子どもを本気で信じて支える覚悟など、佐藤ママから学べるものはたくさんあります。

しかし、彼女が自分の子どもに対して行ったことを、そのまま我が子に当てはめようとしてもうまくいくとは限りません。

いろいろな情報源から、うちの子に合いそうだと思ったやり方や考え方などを参考にして試行錯誤することが大事です。

ですから、**仮に子どもが勉強しているのになかなか成果が出ないという場合は、今やっていることを振り返って検証し、その子に本当に合ったやり方を探し出すことが重要**なのです。

特に子どもが幼稚園や保育園、小学校低学年くらいまでに勉強をさせる時は、親御さんが丁寧に見てあげる必要があります。

単に子どもにドリルなどをやらせるのではなく、子どもと一緒に言葉を調べたり、いろいろな話をしたり、一緒に問題を解いて、どうすればその子が勉強を好きになるのかをよく観察し、真剣に考えてあげてください。

この時期には、子どもと親が一緒に学ぶ姿勢が大事です。

また、もしも親が教えるのは難しいと感じるなら、幼児教室や習いごとなどの外部の助けを借りるのもいいでしょう。

子どもの反応というのは、非常に正直です。

うれしいと感じたことや楽しいと感じたことには進んで取り組みますが、嫌なことや辛いことは避けようとします。

ですから、勉強を子どもにとって楽しい体験にするのか、それとも嫌な体験にするかは、親の工夫次第と言えるのです。

「勉強ができない」のには必ず理由がある

「勉強ができるかどうかは生まれつきのもの」

このように考えている方は少なくありません。私はこれまで多くの受験生たちを指導してきましたが、そう考えている親御さんや受験生はたくさんいました。

そのため、「自分はそもそも頭が悪いから東大になんか行けるわけがない」「うちの子が早稲田や慶應に合格するのは無理だ」などと思い込んで進路を決めている親子も少なくありませんでした。

しかし、前にも触れたように、私は大学受験までの勉強は資質や才能ではないと考えています。

私自身も自分が落ちこぼれていた頃は素質のせいだと考えていましたが、やり方を変えてからは、ガラッと変わったのです。また、東大を受験する弟の受験勉強をサポートした経験や、多くの受験生たちに教えてきた経験からも、本人の素質とは関係なく、勉強の方法を変えることによって、学力はどんどん上がっていくことを確信しています。

実際、私の弟だけでなく、多くの受験生に「暗記数学」などの和田式勉強法を指導したところ、多数の子どもたちが成績を伸ばしています。

そして、その子たちはこう考えるようになりました。

「頭が悪いから勉強できないのではなく、努力してこなかったからできないだけだ」
「勉強のやり方がまちがっていたから、できなかっただけだ」

勉強のやり方を変えてやってみたら、成績が上がった、希望する学校に進学できたという例がいくらでも出てくるのです。

子どもが「勉強ができない」としたら、必ず理由があります。

もちろん、脳の疾患などが原因で生まれつき勉強が困難な子もいます。しかしそれ以外の大多数の「勉強ができない」子どもは、「勉強をやらない」か「勉強のやり方が悪い」のどちらかです。

子どもが勉強しなくなるもっとも大きな原因は、「自分はバカだから」と思い込んでしまうことです。

だからこそ、親が子どもへの教育で一番やってはいけないことは、「自分はバカだと思わせること」なのです。

特に親がしがちなのは、周りの友だちと比較して子どもができないことを責めることです。「○○ちゃんはもうできるのに、どうしてあなたはできないの？」と言われても、子どもが答えられるはずはありません。傷ついて悲しくなるだけです。

子どもに自分はバカだと思わせて劣等感を植え付けても、いいことは何もないのです。

幼児期は月齢差もあり、発達段階の差が目立つ時期ですから、決して他の子どもとは比べず、お子さん自身が以前と比べてできるようになっているかを見てあげることが大事です。

子どもを勉強好きにしたいなら、子どもに「自分は賢い」と思わせることです。どんなことでもいいから何かに挑戦させて、できたところを褒め、それによって子どもが「自分でもできる」という手応えを感じて「自分は頭がいい」と感じてくれれば、自然と勉強をするようになるのです。

思い返してみれば、私も最初に「自分はできる」と感じたのは、小学生の時に1年間でそろばん3級まで上がった時でした。

幼稚園（保育園）から小学校低学年にかけては、小さなステップでいいので、子どもに自信をつけてあげるサポートをしてあげてください。「語彙を増やす」「読み書きできるようにする」「簡単な計算をできるようにする」など、その子ができることや得意なものを伸ばしてあげることが大事です。

幼児期から親がこうした観点を持って子どもを見ているかどうかで、その後の子どもの意欲や向上心が大きく変わっていくはずです。

「この子はできるはず」がパフォーマンスを向上させる

一般に、親が子どもに期待を持つのはあまり良くないことだという考え方がありますが、必ずしもそうとは限りません。

ロバート・ローゼンタールという教育心理学者が行った１９６０年代の実験がそれを証明しています。

彼は実験のために小学校の生徒たちを５人ずつ、２つのグループに無作為に分け、一方のグループの担任の先生にはこう伝えました。

「このグループの子どもたちは予備テストの結果から素晴らしい才能を持っていることがわかった。将来は必ず伸びるはずだ」

それは、その先生が生徒に期待しながら学習指導するように仕向けるためのウソであり、実際にはもう一つのグループと成績の差はありませんでした。

しかし驚くべきことに、1年後にはそのグループの5人全員の成績が著しく向上していたのです。これは「ピグマリオン効果」と呼ばれる現象です。

誰かに期待を寄せると、寄せた人はその期待が叶うようなサポートを心がけるようになり、期待を寄せられた人はその期待に応えようとして行動するのです。その結果、パフォーマンスが向上するという現象です。

この担任の先生も「この子たちならできる」と期待して、他のクラスの子より手厚く支えたり、少し難しいチャレンジをさせたり、根気よく接していたのでしょう。

このように、教える側が期待を持って接した方が、子どもの能力が伸びることがあります。親の子どもへの期待も、基本的には子どものためになると言えるのです。

もちろん、親が過度な期待を持ちすぎてしまうと、子どもへのストレスになりますので注意は必要です。

そのあたりに気をつけながら、「この子はできるはず」と子どもの持つ力に対して健全な信頼感を持ち、しかし大らかに辛抱強く見守るのが、幼児期の親に求められていることなのです。

親は「信者」にならず、さまざまな方法を試してみよう

今は、我が子にできないことがあると、すぐに心配になる親御さんが増えています。インターネットやSNSなどからいろいろな情報が入ってくるために、少しでもできないことがあると他の子どもと比べて不安になってしまうのでしょう。

しかし、子どもがそのうち自然にできるようになっていくこともありますし、他にできることがあるなら、そこで自信をつけて他の分野にも挑戦できるようになるかもしれません。

子どもの教育で大事なことは、１つの方法でうまくいかなくても、２つ目、３つ目の方法を考えてみることです。親は「これでなければいけない」と考えず、「この方法がだめなら、この方法を試してみよう」というように、いろいろなやり方を模索してみましょう。

これは子どもの勉強に限った話ではありません。

どんなことでも、「〇〇が言っているから大丈夫」「先生が言っていたから安心」などと1つのやり方に固執するのは危険です。誰かのアドバイスを参考にして挑戦してみるのはいいのですが、決して「信者」になってはいけません。

子どもが塾に通うようになると、塾の先生の言っていることだけを信じて疑わない親御さんもいます。もちろん先生は良かれと思って言ってくれているはずですが、それでも最終的にどうするか、何をするかを決めるのは、親や子ども自身であるべきです。その方法が本当に子どもに合っているのか塾任せにせず、しっかり考えましょう。

本書の読者にとってはまだ先の話だと思われるかもしれませんが、親が子どもの特性を見ながら主体的に考えるという姿勢は、幼児期から必要です。どうしたら我が子が本に興味を持つようになってくれるのか、どうすれば文字を書こうという気持ちになってくれるのかなど、子どもの様子を見ながら根気よく試してみることが、この時期には求められます。

第４章でも触れたようにクイズ形式にしてみるとか、ショー・アンド・テルをする、歌で覚える、しりとりをする、話をするなどと試行錯誤しながら、お子さんが乗りやすい方法を探してみください。

また、子どもが小さなうちに「この子はこういう時に頑張る傾向がある」「こういうことを言うと、やる気が出ることが多い」などのように、子どもの特性のパターンをある程度把握《はあく》しておくと、小学校以降も役立ちます。

万が一、親がいろいろと工夫したにもかかわらず子どもができるようにならなかったとしても、何も工夫もしなかった場合と比べて悪い結果にはなりません。

少なくとも無理やり押し付けたり、感情的に叱ったりしない限りはそれ以上悪くなることはないはずです。子どもが賢くなる可能性が少しでもあって、しかも失うものはゼロなのだとしたら、試してみる価値はあると思うのです。

確かにいろいろ試してもうまくいかないことが続けば嫌になるかもしれませんが、

親というのは、人を育てるという、いわば大事業を行っているのですから、1つや2つの方法がうまくいかないくらいであきらめてはいけません。

いかに柔軟に、前向きにいろいろな方法を試すことができるかという、親の創意工夫や探究心が試されているのです。

それに、親が自分のためにいろいろなやり方を一生懸命、試して工夫してくれているということは、子どもにも伝わるはずです。

中学生くらいになってくると、それまでの学習の積み重ねがものを言うので、子どもの教育についていろいろ工夫してきた親の有難さに気づく瞬間があるはずです。

そもそも、親が自ら学び続ける姿勢を見せることは、子どもにとってもいいお手本になります。子どもは親の言葉だけでなく、その姿を見て学びますから、親が積極的に情報を収集し、工夫し続ける姿勢を示すことで、子どもも自然に学びに対する意欲を持つようになると思うのです。

情報を得ることに貪欲になる

かつてとは違い、働いているお母さんも増えてきました。共働き世帯は年々増えており、総務省「労働力調査」によると、夫婦のいる勤労者世帯のうち、専業主婦世帯は3分の1程度になりました（２０２２年）。特に若い年代ほど、仕事を持つ母親が増えています。

仕事と家庭の両立という課題もあり、働く親には時間的な制約があるのは確かです。しかし、子どもが小さな頃は親が子どもと向き合う時間が大切です。

ぜひご家庭でパートナーと協力し合い、祖父母の助けを借りられるなら借り、家事は効率のいい方法を考えたりして、うまく時間をやりくりしながら子どもと接する時間を捻出することを考えてみてください。幼児期から家族で協力し合い、子どもにとってより良い学習環境を整えるという意識を持つことが大事です。

親は情報を得ることにも貪欲《どんよく》であるべきです。

たとえば、小学校の教科書はAmazonなどのオンラインショップでも購入できます。就学前に教科書を取り寄せて、内容を確認してみてください。子どもが小学校でどのようなことを学ぶのかを把握しておくことで、入学までに我が子に何を教えておくべきかを考えることができます。

親の主体的な関わりと入念な準備が、子どもの学びを支える大きな力になるのです。

また、小学校入学以降も学校任せにはせず、親御さんが丁寧に教えてあげて、できるなら先に進ませてあげるといいでしょう。もちろん、やったことを忘れては意味がないので、時々習ったことを覚えているかをおさらいしてみる必要もあります。

とにかく、小学校低学年でも親が丁寧に見てあげて、子どもが「授業についていけない」「わからない」ということがないように支えるということです。

子どもが勉強に興味を持ち、結果が出るようになるまでは子どもとことん向き合うことが大事です。

早くから勉強させると性格が歪む？

子どもに対する教育では、子どもに「自分はできる」と思わせてしまった方がいいのですが、それゆえ傲慢《ごうまん》な性格になるのではないかと危惧《きぐ》される親御さんもいます。

実際、幼稚園から小学校低学年ぐらいになると「〇〇ちゃんってバカなんだよ」とか「あの子、片仮名も書けないんだよ」などと言う子も少なくありません。

小さな頃から先取り学習をしていて、小学校入学時にすでに読み書きや計算ができていれば同級生を下に感じることもあるかもしれませんし、勉強して人に勝ちたいという欲求を持っているので、ひょっとしたら勉強ができない子をバカにすることもあるかもしれません。

しかし、これは幼少期全般に見られる子どもの特徴とも言えます。

6歳くらいまでの子どもというのは自我の塊のようなもので、ほぼ自分中心で物事を考えていると言っても過言ではないのです。それまでは家で過ごしていた子どもが初めて集団生活を体験することで、他人との比較を覚え始めることも多いのです。

またアドラーが言っているように、人間というのは優越性を求める生き物です。自分は人よりできると思いたいし、それを確認したいがために「自分はみんなより賢い」とアピールしたくなるのも、また自然な感情です。子どもが他の子をバカにするとしたら、自分が勝っていることを大人に認めてもらいたいという承認欲求があるからです。

そもそも、幼少期の子どもは発達途中の未成熟の状態であり、成熟した大人からすれば、わがままで、気遣いの足りないところも多く見受けられるものです。それはその子が先取り学習をしているから起こるということではなく、一般的にこの時期の子どもの多くに見られる現象です。

しかし、やがて子どもは社会性や人間性を身につけていきます。

人に言っていいことと悪いことの区別がつくようになり、相手の立場に立ってものを考えられるようになっていきます。こうしたことは、10歳頃からできるようになる子が多いと言われています。

また、現在の精神分析学の考え方では、子ども時代に人から褒められた経験が多いほど精神的に安定し、他人の気持ちがわかる人間に成長するとされています。**たくさん褒めて子どもに自信を持たせた方が、勉強のできる子に育つだけでなく、後々に性格がよくなる可能性が高い**ということです。

ですから親御さんは、早くから勉強をさせると子どもの性格が歪んでしまうなどというように、短絡的にとらえないでほしいと思います。

ただし、人をバカにすることや他人を悪く言うことは社会的には好ましくありませんし、そういうことを言うと子ども同士でケンカになったり、相手を怒らせたり、自分がいじめられたりする可能性があります。

ですから、お子さんがそういうことを言った時には、「そうだね、あなたはしっかりしているからね」とその子を認めてあげた上で、「でも、それを外で言ったら嫌われちゃうから、お家の中だけにしておこうね」と現実的な戦略として教えておく方が賢明です。

また、そういう時には、相手の子のどういうところがバカみたいに感じるのかを聞いてみてください。話をじっくり聞いた後で、相手の子が自分と合わないと思うのであれば無理に合わせる必要はないということ、しかし、いろいろな人がいるからこそ世の中は面白く、変わった意見や考え方も認められる社会になるのだということを、子どもに伝える機会だと考えればいいのです。

我が子が人と違うことを恐れない

しかし、多くの親は我が子が他の子をバカだと言っただけでオロオロしてしまいます。「あなたはなんてひどいことを言うの」「性格が悪い」などと、子どもの人格を疑うようなことを言ってしまう親もいます。

日本社会の問題点の一つは、周囲に合わせられない賢い子どもが、時に性格の悪い秀才のように見られてしまうことです。

海外では賢さは無条件に尊敬されますし、変わり者であっても才能がある者を尊重する傾向があります。特にこの30年の間に、スティーブ・ジョブズやビル・ゲイツのような個性的で突出した存在が社会を変える、とより評価するようになっています。

しかし、日本ではいまだに人と違うことを言うと、周りから嫌われることが少なくありません。メディアやＳＮＳでも変わり者の発言はバッシングされやすい傾向がありますが、むしろ変わり者排除の文化はどんどん進んでいるかもしれません。

子どもも、学校では周りに合わせて行動することや他人の気持ちを読むことが徹底的に教え込まれ、家ではちょっとでも人の悪口や人と違うことを言うと、「この子は性格が悪いのではないか」と親から心配されてしまいます。

子どもが世間の「常識」と違うことを言うと、すぐに「それは間違っている」「その考え方はおかしい」と子どもの考えを否定し、矯正《きょうせい》しようとする大人たち。それでは、日本の子どもに自ら考える力が身につくはずはありません。

我が子を賢くしたいのであれば、親も思考力を磨く必要があります。

たとえば、テレビを見ていて子どもが「ロシアって戦争が強いんだ。すごいね」などと言うこともあるかもしれません。そんな時に「ウクライナは正義で、ロシアは悪」といった単純な二分割思考を持っている親は、びっくりしてしまって子どもを否定することになります。

しかし、それは子どもの素直な感性ですから、その時には「なぜそう思ったの？」を聞く方が大事です。

「だって、戦争に勝った方が相手の土地をぶん取れるんでしょう？　だからロシアはあんなに大きいんだ」と子どもは言うかもしれませんが、それも間違いではありません。それを否定せずに「それはそうだね」と認めた上で、「じゃあ、自分がぶん取られる側だったら、どんな気持ちがする？」とか「ぶん取るために人を殺しているけど、それでもいいの？」などと聞いてみることです。

このように、**親は子どもの話を聞きながらさまざまな角度から考えるきっかけを与**

えます。「正しい／正しくない」を教えるのではなく、子どもがいくつもの可能性を考えられるようになることが大事なのです。

親の側の思考力や言語力が試される場面と言えます。

もちろん、子どもが人と違うことを言うデメリットはあるでしょう。何ごとにもメリットとデメリットがあります。特に小学校受験などのお受験では、いわゆる「正解」を流暢《りゅうちょう》に言える子どものほうが好まれ、人と違う言動をする子どもや、ませた物言いをする子どもは敬遠されることもあります。

しかし、人と違うことを考えられる、言葉にできるということは、その子の思考力が優れているということです。また、いろいろなことを答えられる子どもの方が、実際には話が面白く、口が達者なことで人に好かれることもあるかもしれません。

その子の気質が、ある人からは敬遠されることもあるかもしれないけれど、ある人からは好まれるかもしれないということです。

ですから、どう思われるかはわからないけれど、仮に多くの人に敬遠されたとしても親だけは子どもを受け容れて認めてあげることが大事です。我が子が人と違うことを言うのを恐れていたら、その子の思考力は伸ばせないのです。

共通認識は社会で生きやすくなるための知恵

1000を超える特許を取得し、発明王として知られるトーマス・エジソンが小学校で足し算を習った時、「なぜ1＋1＝2なの？」としつこく質問して教師を困らせ、結局は退学せざるを得なくなったというのは有名な逸話です。

その際にエジソンは、「1＋1＝2じゃない。なぜなら、1つの粘土と1つの粘土をくっつけたら1つの大きな粘土になるから」と言ったと伝わっています。

この逸話がどこまで真実かはわかりません。

しかし、エジソンは非常に好奇心が旺盛で、いつもたくさんの質問をするため、教師との間でトラブルが絶えなかったと言われています。教師は彼の質問に十分に答えられずに手を焼いていたので、「あなたの息子は精神障害だ。この学校では受け入れることができない」という手紙をエジソンの母親に渡します。そこで母親はエジソンを小学校から退学させて、自宅で読み書きや算数を彼に教え、好奇心旺盛で研究熱心な彼にたくさんの本や文献を与えました。

学校の教師は他の子と違うエジソンに対して怒り、最後には放り出しましたが、母親はエジソンの才能を信じて、彼の知性を育んだのです。もしもエジソンの母親が我が子ではなく、教師の言葉の方を信じていたら、世紀の発明王は生まれなかったはずです。子どもの才能を最大限に引き出すために、親が子どもを信じて支えることが大事だということを示すエピソードです。

ただし、就学前から高校までの初等中等教育の主な目的というのは、社会の一員として身につけるべき基本的な知識を習得すること、つまり社会の共通認識を身につけることです。

ですから、基本的な知識として「みんながこう考える」ということは知っておいた方がいいとは思います。

言語でたとえれば、別に英語やラテン語で話しても構わないけれども、日本で生活する以上は不便を避けるために、共通言語として日本語を学ぶということです。さらに誤解を避けるため、一つの言葉の意味をみんながほぼ同じように理解できるように教えておくというのが初等中等教育の基本です。

このように、学校ではある程度の共通認識を教えるのが原則なのです。だからこそ、子どもが周りとは違うことを言った時に、親は「あなたは賢いからいろいろなことを考えられるけど、この社会では周りに合わせないと、損することがあるよ」ということを教える必要があるのです。

知識を増やす過程において、子どもが社会の共通認識とは違うことを言った時に「変なことを言うな」と排除するのではなく、**「そういう考えもあるけど、周りの人たちはきっとこう思っているよ。あなたが生きやすくなるように、共通認識も知っておこうね」ということ**なのです。

それは、国語の心情読解の問題でも同じです。

「この時の太郎くんの気持ちを答えなさい」と言われても、実際には太郎くんの心情は誰にもわからないはずです。太郎くんがどんなに悲しそうな顔をしていたとしても、ひょっとしたら心の中では「あいつだけは許せない。懲らしめてやる」などと物騒なことを考えているのかもしれません。悲しそうな顔をしながら、夕飯に何を食べるのかを考えているのかもしれません。

しかし、大多数の人はだいたいこのように考えるだろうという答えが、心情読解における「正解」なのです。ですから、心情読解は「共通認識を理解するゲーム」だと考えればいいということです。

つまり、**親は子どもに「周りに合わせることが正しい」と教えるのではなく、「周りに合わせることも知っておいた方が、損をしない」と教えた方がいい**ということです。

周りに合わせることが正しいと教えていたら、その子は周りと違うことができなくなってしまいます。

「自分はこうだと思うけど、みんなとは違うみたいだから、言うのをやめておこう」

「こんなことを考える自分は間違っているのかもしれない」

そんなふうに考えていたら、子どもの能力は伸びていきません。

そして、そんな教育ばかりになってしまったら、エジソンのような発明家も、ジョブズやゲイツのように社会を大きく変える人材も、日本からは出てこないでしょう。

ですから、社会の共通認識である「1＋1＝2」を知っておくことは、この社会で生きやすくなるための知恵でもあるということです。

しかし共通認識だけでは、それ以外の考え方が排除されてしまい、優れたアイデアは出てきません。だから社会には、エジソンの「1＋1＝2ではない考え方」も必要なのです。

我が子を賢く育てたいのであれば、社会の共通認識を教えておく一方で、子どもの中に「1＋1＝2ではない考え方」も育む必要があるということです。

「競争なんてしなくていい」で育つ子どもの不幸

子どもたちの受験指導をしていて感じるのは、最近の保護者には非常に神経質になっている方が多いということです。最近では我が子が自信過剰だとか、負けん気が強いと人から思われることを恐れている親御さんも少なくありません。やさしくて性格の良い子だと言われると、安心する親も多いです。

また、我が子が友だちに勝ったことで得意になっていたり、負けたことを悔しがったりすると、「性格が悪いって言われるから、そんなことは言ってはいけない」とか「あまり勝ち負けを考えない方がいいよ」などと言って、負けん気の強い子を潰してしまう親もいるようです。

しかし、負けん気が強いというのは、実はとても大切な特性なのです。

子ども時代から何かあったらすぐに自信をなくしてやる気をなくしてしまうようでは、これから先の長い人生を生き抜いていくことは難しくなります。「絶対に自分は負けない」「負けてたまるか」という強い気持ちが、この先に待ち受けているかもしれない困難を乗り越える原動力になるのです。

もちろん、勝つためには何をしてもいいという考えはよくありませんが、根底に「人に勝ちたい」「負けたくない」という気持ちがなければ、子どものやる気は育ちません。ましてや格差社会が進む社会では、負けん気の強い方が「何とかして生き延びよう」という力が高くなるのは確かです。

ですから、我が子の負けん気が強くても親御さんは気にする必要はないと思います。

日本というのはダブルスタンダードな社会です。前に触れたように、今の学校では傷つく子どもを減らそうという意図から、競争が極力避けられるようになっています。そのため学校では「競争はしなくていい」「勝ち負けは不要」などと言われて育ちますが、実際に社会に出たらそうはいきません。

学歴による選別が行われ、社会に出た後も競争を強いられます。そこで負ければ叱責されたり、減給されたり、リストラされることもあります。競争なんてしなくていいと言われて育ってきたのに、実際には超競争社会。それが今の日本社会です。

言葉は悪いですが、それは大事なペットとして育てた動物をジャングルに放つようなものと言えるでしょう。**子ども時代は絶対に傷つけないような配慮をされていた子どもが、いざ社会に出てうまくやっていけると考えるのは甘い考えなのではないでしょうか。**子どもが大人になってからジャングルの中でもたくましく生き延びてほしいのであれば、多少は競争に慣れさせて育てたほうがいいと考えています。

それから親御さんの懸念という意味では、負けん気が強い、あるいは自信の強い子どもの場合、我が子が周りから嫌われてしまうのではないかと気にする親御さんも多いのですが、よほど極端な子でなければ、社会に出ると性格が丸くなっていくものです。

たとえば、レベルの高い学校に入ると、自分よりも成績のいい人がたくさんいることを知って「これはまずい」と危機感を感じます。

社会人になって現実を見れば、自分の足りなさに気づくこともあります。

私自身もそうでしたが、社会経験を積むことによってどんどん角が取れていく人も多いです。社会で成功して恵まれた環境にいるうちに気持ちの余裕が出てきて、性格が鷹揚《おうよう》になっていく人も少なくありません。


その反対に、「競争なんてしなくていい」「やさしければいい」と言われ、最初から勝負することをあきらめて育った結果、社会に出てみたら、自分の希望する職に就けないし、待遇のいい企業にも入れないという現実を知って絶望し、世間や社会に対して不満を抱くようになる可能性もあるのです。自分に自信を持てないせいで社会でうまくやっていけないという人も、精神科医としてたくさん見てきました。

競争なんてしなくていいと言われて育った結果、社会に出てから競争社会の厳しい現実に直面する。それは、ある意味では不幸と言えるのではないでしょうか。

もちろん、その子ができないのに、厳しい競争を強いて苦しい思いをさせるのはよくありません。そのためにも、親は小さい頃から子どもの得意なことを見つけて育て、子どもに自信をつけさせる必要があるのです。

とはいえ、子どもの気質というのはそれぞれに違います。

人に負けたら悔しいという感情を素直に表に出す子と、それほど出さない子がいます。また、表には出さないだけで悔しさを内に秘めている子もいますし、そもそもあまり悔しいと思わない子もいます。

しかし少なくとも、家でも親が「競争なんてしなくていいよ」と言っていたら、子どもの負けん気は育ちません。むしろ私は、子どもの負けん気のタネを見つけたら、どんどんそれを伸ばしてあげた方がいいと思っています。

たとえば子どもが「あの子には負けたくないな」と言ったら、親は「その気持ちは大切だよ」と子どもを応援してあげて、勝ったら一緒に喜んであげる、負けたら一緒にどうして負けたのか、次はどうしたらいいかを考えればいいのです。

近年は、日本の国際競争力の低下が問題となっていますが、子どもの頃から競争を回避させるような教育が進めば進むほど、そうした傾向が進むのも当然です。

たとえば、2024年のIMF（国際通貨基金）による世界の1人当たり名目GDP（国内総生産）ランキングでは、日本は38位。ついに、韓国（35位）や台湾（34位）にも抜かれ、3年連続で過去最低ランクを更新しています。

他の先進国や新興国と違い、日本だけが数十年にわたって成長していないというのは異常な事態といえるでしょう。成長が停滞しているどころか、現在の円相場は1ドル160円を超えています（2024年7月1日時点）が、急速に進んだ円安は日本の競争力が急激に低下していることを示しています。

科学の世界でも、日本の競争力の低下が指摘されています。

文部科学省の「科学技術指標2023」によると、注目度の高い論文数ランキング（引用回数の多い論文数の比較調査。論文の注目度と質を表す指標として用いられている）で、2005年まで世界4位をキープしていた日本は年々順位を落とし、2023年の発表では13位になりました。これはデータが残っている1981年以降でもっとも低い順位であり、人口が半分の韓国（10位）より下回りました。ちなみに、中国は日本と反対にどんどんランクを上げ、２０２2年からは2年連続で1位です。「人に勝つこと」「貪欲に学ぶこと」を良くないことと考える社会では、やはり国としての競争力も伸びていかないのも当然ではないでしょうか。

精神分析学者のコフートが言うように、**本来、子どもには人から褒められたい、認められたいという野心があります。その野心を満たしてあげることで、子どもの健全な自信や負けん気を育てることが大事**なのです。「人に負けたくない」という気持ちは、人間として自然な感情です。その自然な感情を親が支え、育てることで、子どもの内面からやる気が湧き上がってきます。

子どもの負けん気や自信を育てることは決して悪いことではないし、子どもの成長につながることなのです。

長い目で子どもの将来を考えよう

ここまで、親が子どもと一緒にがんばっていく理論と方法をお話ししてきましたが、これを曲解して、お受験では時々、子どもの気持ちを考えずに自分だけでヒートアップしてしまう親御さんもいます。熱心すぎて、まだ小さな幼児に夜遅い時間まで勉強をさせる親や、激しく責める親、中には子どもに手をあげる親さえいます。さらにそれは「受験のため」だから許されると思っている親もいます。

しかし、子どもが泣いて勉強を嫌がっているとしたら、その子にとって非常に辛いことになってしまっているということです。そんな子に「できるまでやらせる」という教育的指導は逆効果でしかありません。

仮にそれで名門小学校に合格できたとしても、子どもが勉強嫌いや勉強が苦手になってしまえば、長い目で見たらマイナスの影響を与えてしまうのです。

親は、長い目で子どもの将来を考えなければいけません。

また、親御さんの中には、中学から中高一貫校に行けなければ東大や医学部に行けないと考える人も少なくありません。つまり、中学受験で子どもの将来がほぼ決まると思っているのです。ですから中学受験で落ちたらうちの子はもうダメ、負け組だ、と嘆いている親もいます。

しかし、それは非常に短絡的なとらえ方です。

中学受験で落ちたとしても、受験勉強をしていた分、地元の学校の同級生より基礎学力が高いはずですから、これから逆転できると考えればいいのです。

確かに、中高一貫校では高校受験をしなくていいので、大学受験に向けて有利な面があるかもしれませんが、今でも一定数の子が地方の公立高校から東大などの難関大学にも合格しています。中高一貫校でなくても難関大学への合格は可能ですから、希望の中学に入れなかったら、その子の人生が終わるなどということは決してありません。

一番問題なのは、「中学受験でダメだったら負け組」などと親が悲観することで、子どもの自信を失わせて勉強を苦手にさせてしまうことです。

そうすると、大学合格という本来の目的が遠のいてしまいます。

その結果、本当の意味で負け組になってしまうのです。


そもそも、教育においてもっとも大事なことは、いい学校に入ることではなく、その子が社会で生き延びていくための方法や活躍できる方法を知ることのはずです。そのために、職業選択の幅を広げる大学や大学院を選ぶわけです。

しかし、日本人に多く見られるのは、目的よりもプロセス（手段や経路）を大事にしすぎるという傾向です。名門小学校や名門中学、名門塾に入ることにこだわる方も多いのですが、**教育の最終目的は将来多くの選択肢を持つために志望の大学や大学院に入学すること、さらに言えば、社会で活躍するための力をつけることではないでしょうか。**

受験をするのであれば結果は出した方がいいけれども、仮に希望の中学に合格できなかったとしても大学受験で志望校に受かればいいし、そのためにこれからどうしたら希望の大学に入れるかという戦略を練ればいいのです。親にそのような視点があれば、子どもも焦らず、悲観的にならず、これからの勉強に集中することができます。

親は、勝ち組だの負け組だのといった世間の価値観に惑わされず、長い目で子どもの将来を考えることが大事なのです。

子どものために親が今できること

これまで、幼児期に家庭でできることについてお話ししてきましたが、最後に触れたいのは、子どもに無条件の愛を与えるということです。子どもが何かできるから愛するのではなく、その存在自体を無条件に愛するということです。

親に愛されている実感を持っている子どもは、「自分が勉強すると、大好きなお母さんが喜んでくれる。もっと喜ばせたいから勉強しよう」といった向上心を持つことができます。親の絶対的な愛情が、子どものやる気を大いに引き出すのです。

しかし、親から愛されているという実感を持てない子どもは、どれほど勉強ができても、強い自信を持つことができません。

「勉強しなければ親に怒られる」という恐怖心に基づいて勉強することも、成長過程の中では必要な場面もあります。しかし、それはもう少し子どもが成長してからの話です。

小さいうちは親の怒りが怖いから勉強するのではなく、親が喜んでくれるから勉強する、親が認めてくれるから一緒にがんばるという「快体験」による動機づけが重要です。

子どもに物事を教える上では、ベースに愛情があるべきです。

愛情あるコミュニケーションの中でいろいろなことを教えてあげることが、子どもの力を大きく伸ばすのです。

小さな頃から「親に愛されている」という実感を持って育った子どもは、親が自分の将来を考えていることを根底では理解しているはずです。そのため、成長してから

「勉強しなさい」と親に叱られて一時的に反発したとしても、いつかは親の言葉を肯定的に受け止められるのです。

「自分は親に愛されている」という気持ちが子どもの自尊心を支え、勉強に向かわせる向上心につながるということを、親御さんは忘れないでほしいのです。

そして、親の熱意は必ず子どもに伝わるということも、決して忘れてはいけないことです。

逆に言えば、親が「この子はバカだ」「何をやってもダメだ」とあきらめたら、子どもも敏感にそれを感じ取り、「自分はどうせダメなんだ」とあきらめてしまいます。

親は、絶対に子どものことであきらめてはいけません。

「我が子には何とか勉強を好きになってほしい」「絶対にこの子はできるようになるはずだ」という親の愛情と信念は、必ず子どもに伝わります。

常に子どもを温かく見守り、励ますこと、どんなに小さなことでも子どもができたことを認めてあげること、子どもの力を信じること、そして親自身が子どもと一緒に成長していくことが、この時期の親の仕事なのです。

「5歳の壁」を前にそれに気づけた親子は、きっと、その後の人生を支える豊かな基盤を築けることでしょう。

〔第５章のポイント〕

○子どもが勉強嫌いになるのは、できないことを無理強いされるからで、親は子どもに合った教え方を見つけることが重要である。

○親の期待は子どもの能力を伸ばす可能性がある。しかし、過度な期待はストレスになることもあるので注意が必要。

○できないことがあっても焦らず、他の方法を試して子どもの能力を伸ばすことが重要。

○家族で協力して子どもとの時間を大切にし、学習環境を整える。

○社会の共通認識を教えつつ、子どもの独自の考え方や才能を伸ばす。

○子どもの負けん気や自信を育てることは、将来の競争社会で生き抜くためにも重要であり、親はそれを支えるべきである。

○子どもの教育においては、短期的な成果よりも長期的な視点で考える。

さいごに

本書に最後までお付き合いいただきありがとうございました。

この手の子育て本についていつも心配になることは、この通りにやらないといけないと親御さんがかえって神経質になったり、不安になったりしないかということです。

特に、書き手が自信満々だと余計にそう思うかもしれません。

本書でいちばん言いたかったことは、子どもには個人差があるので、その子に合わせた勉強のさせ方、育て方があるということです。

そして、何かしら取り柄を探してあげて、勉強や生きることに自信をつけさせてあげてほしい、自分が頭がいいんだと思わせてあげたい、ということです。

これは私が理事長を務めるI＆Cキッズスクールの基本的な理念で、Cはconfidence（自信）の意味です。ここにいた子どもたちは、卒園後もかなりうまくいっていると聞いています。

この「健全な自信」のヒントをあれこれと書いたつもりですが、自分の子どもに合うものもあれば合わないものもあることは十分承知しています。

だから、一つひとつの私の提言は、あくまでも試す材料で、うまくいくものもあればうまくいかないものもある、でもノーヒントで試すよりは、多少はやりやすいかと信じています。

これから小学校受験、中学受験を迎えると、外からの情報に振り回される親が多いと思います。

「●●塾でないとダメ」「中学受験に失敗したら、東大や医学部には行けない」などなど……。

でも、その通りのルートでなくても、大学受験で成功する人はいくらでもいます。

私は通信教育もやっているのですが、地方の無名校から毎年のように東大や医学部合格者を出しているので、それは自信を持って言えます。

また、本文中でも触れましたが、私の弟も中学受験の際には完全な落ちこぼれでした。それでも、勉強法を変えることで東京大学の文科Ⅰ類に現役合格し、在学中に司法試験にも合格して、今も官僚をやっています。

このように勉強のやり方次第では、いわゆる名門校にいなくても大学受験の成功は望めます。

ただ、それには一つ大きな条件があります。それまでに勉強嫌いになっていないことと、やり方を変えれば自分もできるはずだと信じられるだけの自信があることです。

中学受験などを通じて、勉強嫌いになった子や自分のことをバカなんだと思った子はその条件を満たすことができません。

こちらが志望校合格のためになるべく効率的な宿題を出しても、勉強が嫌いならやってくれません。劣等感を抱いてしまった子は、どうせバカなんだからやり方を変えても無駄とか、東大に受かった人の勉強法など自分とは別世界と思ってしまうのでしょう。

もちろん、人生は長いので、志望の大学に合格しなくても、社会で成功したり、幸せになる人はいくらでもいます。

それにしても、やはり子ども時代に「健全な自信」を持っていないとその確率は低くなります。

やはり人生に対して前向きであることが大切なのでしょう。

私自身、2人の娘がいます。

上の娘は東大に落ちて慶應の法学部に行きました。

さんざん東大受験法の本を書いていたためか、そのことをインターネット上でかなり叩かれました。でも、彼女の究極の目標が弁護士になることだったので、浪人させるより早く法科大学院に入ったほうがいいと私も本人も思い、結局、東大の法科大学院から弁護士になりました。

下の娘も浪人を経験しています。

結果的に東大を出てから医学部を再受験して、今年医師になりました。

2人を見ていて感じるのは、人生に前向きだということです。

だから、短期的な成功より、勉強が好きになることや自信を持つことが大切だと、私は信じているのです。

そのために、うまくいく体験が大切なので、それを探してあげるのが親の最大の仕事だと考えているのです。


ですが、私は自分のやり方を他の方に押し付ける気はありません。

結果が大切だし、仮に中学受験や大学受験で成功しても、前向きな展望がないと幸せになれないと思っているのです。

私も64歳になり、今の生き方でよかったと最近痛感しています。

医学部の中で成功者になった人が、勝ち組の教授になれても、定年後思うようにいかないことを経験することが増えたこともあるでしょう。

私は自分の好き勝手に生きてきましたし、これからもそうやって生きていくつもりです。

その中で、正直に、子育てについてもただの受験の成功でなく、もっと長い目で子どもが幸せに生きていけるヒントであると自分が本気で信じていることを書きました。

これを読んでくださった親御さんたちが、周囲に振り回されず、子どもを信じて子どもにも自信を持って生きられるようにしてあげられるのなら、著者として幸甚この上ありません。

末筆になりますが、本書の編集の労をとってくださった、下山明子さん、真田晴美さん、酒井綾子さんに、この場を借りて深謝いたします。

令和6年9月

和田秀樹

和田秀樹

わだ・ひでき

1960年大阪府生まれ。東京大学医学部卒業。精神科医。東京大学医学部附属病院精神神経科助手、米国カール・メニンガー精神医学校国際フェローなどを経て、現在、和田秀樹こころと体のクリニック院長。高齢者医療の現場にも長く携わっている。また、保育園型の幼児教育機関I&Cキッズスクールを創設し、子どもの学力や語学力を上げる実績をあげているほか、子育てのノウハウや学力を上げるための通信講座型サポート「和田秀樹の親塾」https://oya-jyuku.jp/を創設し、多くの親や子どもと向き合っている。『80歳の壁』(幻冬舎新書)、『みんなに好かれなくていい』(小学館YouthBooks)など、著書多数。

5歳の壁

語彙力で手に入れる、一生ものの思考力

2024年10月21日　初版第1刷発行

著　者　和田秀樹
発行人　青山明子
発行所　株式会社小学館
〒101−8001
東京都千代田区一ツ橋2−3−1
電　話　編集 03−3230−5623
販売 03−5281−3555

構成協力　真田晴美
イラスト　山口庸資
装　丁　小口翔平＋後藤 司(tobufune)
校　閲　櫻井健司
DTP　昭和ブライト
企画・編集　下山明子
編　集　酒井綾子

印刷所　萩原印刷株式会社
製本所　株式会社若林製本工場

ISBN 978-4-09-311433-2